TU CUERPO ES PARA VIVIR

**Cambia la mirada sobre tu físico
y mejora tu relación con la comida**

T0019515

DENISA PRAJE

@psidenisa

TU CUERPO ES PARA VIVIR

**Cambia la mirada sobre tu físico
y mejora tu relación con la comida**

Montena

Papel certificado por el Forest Stewardship Council®

Primera edición: enero de 2024

© 2024, Denisa Praje (@psidenisa)
© 2024, Penguin Random House Grupo Editorial, S. A. U.
Travessera de Gràcia, 47-49. 08021 Barcelona

Printed in Spain – Impreso en España

ISBN: 978-84-19421-47-0
Depósito legal: B-17.860-2023

Compuesto en Comptex & Ass., S. L.
Impreso en Gómez Aparicio, S. L.
Casarrubuelos (Madrid)

GT 2 1 4 7 0

A las que fueron mis pacientes, a las que lo son y a las mujeres que me rodean. Son las que me han enseñado todo lo que sé sobre problemas de alimentación y de imagen corporal.

Seguimos remando.

ÍNDICE

INTRODUCCIÓN

Aviso a navegantes. Este no es un libro de amor propio. Tampoco es un libro sobre alimentación saludable o para que consigas salir de un trastorno de la conducta alimentaria (TCA), ni pretende sustituir al tratamiento interdisciplinar de psicólogos, nutricionistas y médicos. No obstante, sí es un libro que me gustaría que leyeses si eres una adolescente que odia su cuerpo, si tienes cerca a una persona que sufre por la alimentación y su imagen, si eres una mujer que lleva toda su vida a dieta o estás pensando en hacerla, si eres una persona que sufre por pensamientos y emociones desagradables que tienen que ver con la comida. Este es el texto que me hubiese gustado que leyesen mis pacientes y sus familias cuando comenzaron a tener problemas de alimentación o incluso antes.

El objetivo de este libro es que contemples que existe otra vía, que dejes de ver tu cuerpo como lo que eres y lo que te define, y la comida y el ejercicio como instrumentos para cambiarlo. Esa ruta alternativa consiste en aprender a mirar tu cuerpo y la comida como algo que te permite remar hacia una isla en la que están las cosas de la vida que te importan. Un cuerpo y una alimentación que te permiten sentir cosas, disfrutarlas, moverte hacia lugares en los que quieres estar, aprender, compartir. Ojalá fuese tan sencillo y bonito como te lo cuento. Sin embargo, ¿cómo hemos llegado a hacerlo tan complejo y difícil? ¿Cómo es posible que tantas de nosotras suframos o hayamos sufrido por nuestro cuerpo, ese que nos permite vivir? ¿Será que no estamos remando solas? ¿Será que estamos todas en el mismo mar con sus mareas?

Para llegar a esa isla de las cosas que importan, vamos a desviarnos del iceberg de las falsas promesas de la delgadez, de los tsunamis de la dieta y la operación biquini, de las tormentas de presiones estéticas, de las normas con la alimentación y el cuerpo perfecto.

Yo no estoy fuera de este barco, aunque no voy a guiarte como capitana, sino como una tripulante que ha estudiado y ha trabajado las mareas. Yo también navego con mi propio barquito, el de una mujer joven en una sociedad que nos impone una enorme presión estética.

El mundo en el que vivimos nos mantiene insatisfechas y nos hace odiar nuestro cuerpo con un objetivo: motivarnos a consumir. Parece que nunca somos lo suficientemente delgadas, tonificadas, buenas, presentables..., y nunca comemos lo bastante bien. Vivimos en una sociedad que nos incita a consumir alimentos sabrosos de baja calidad nutricional, pero que luego nos hace sentir culpables por tomarlos o por usarlos como mecanismo de regulación emocional. Vivimos en un mundo que nos lanza mensajes contradictorios: «Huye del malestar, aquí tienes comida sabrosa para hacerlo, consume nuestros productos, compra, pero mantente delgada controlando los apetitos, compensando». A eso se le añaden otras imposiciones relacionadas con amarnos a nosotras mismas. Lo de la aceptación corporal parece que tampoco la hacemos del todo bien, nos sentimos fracasadas también en eso. Todo son disonancias. Vivimos en una sociedad de cansadas, una sociedad que nos ha agotado.

En este texto vas a encontrar teoría psicológica respecto a la alimentación y al cuerpo desde un enfoque por un lado funcional (para qué nos sirve lo que hacemos y de qué depende) y, por otro lado, contextual (cómo es el contexto que nos lleva a hacer lo que hacemos). También vas a encontrar preguntas que te ayudarán a explorarte, ejercicios prácticos para ordenar lo que necesites, recuadros técnicos cuando me paso de psicóloga, pautas que puedan guiarte (aunque no son las herramientas mágicas de Mickey Mouse) y, por qué no decirlo, un poquito de mí, de mis opiniones y de mis críticas.

Ahora que ya te he presentado el libro, me presento yo: soy Denisa, psicóloga sanitaria especializada en TCA. El tipo de casos que más atiendo tienen que ver con problemas relacionados con la imagen y con la alimentación. Desde que era joven, he visto a mi alrededor a mujeres insatisfechas con su cuerpo y yo misma también lo he estado. Conforme iba creciendo, iba apareciendo por todas partes la idea de dieta y del ejercicio para modificar el cuerpo.

Los TCA siempre me llamaron la atención porque eran el claro ejemplo de que los problemas psicológicos no son problemas individuales: todas teníamos cosas en común, así que debía de haber algo que nos afectaba a todas. En la carrera hice gran parte de los trabajos que se me permitían sobre este tema. Incluso escribí mi trabajo de fin de grado sobre la bulimia nerviosa y lo subtitulé: «¿Es suficiente el mejor tratamiento psicológico para un problema mantenido por la cultura?». Con el tiempo creo que llegué a una conclusión: no conoceríamos los TCA tal y como los conocemos si viviésemos en otro periodo histórico y en otra cultura con otros valores y otro funcionamiento. Después, centré mi trabajo de fin de máster en un caso de problemas de alimentación y hoy en día me dedico a hacer terapias con problemas asociados al cuerpo y a la comida; aunque todos tienen cosas en común, cada uno es tan individual como la historia vital de la persona.

Donde más aprendo es en consulta, acompañando a esas personas que sufren con la alimentación y su imagen corporal, por eso es probable que este libro también tenga un poquito de ellas.

1. LA INSATISFACCIÓN CORPORAL

Me miro al espejo y me doy asco.

Me he perdido planes porque no me gustaba mi cuerpo.

Hasta que no esté delgada, no haré lo que deseo.

NO ESTAMOS SOLAS: EL CONTEXTO

¿Alguna vez te has mirado al espejo y has pensado: «¡Madre mía, qué horror! Ojalá mi cuerpo no fuera así»? Es normal. Vivimos en una sociedad que nos ha enseñado desde pequeñas que el aspecto físico y la belleza son algo muy importante en nuestra vida, así que tenemos que estar pendientes de no salirnos de lo que se considera atractivo en cada momento. **No nacemos insatisfechas con nuestro aspecto, aprendemos a estarlo.** A todas nos han dicho cosas como: «Colócate bien el vestido», «Qué guapa esta niña», «Qué lazo tan bonito», «Qué bien te queda esto», «Eso te va muy justo», «Uy, has cogido unos kilitos, eh...». Otras veces hemos escuchado esos mensajes de nuestras madres hacia ellas mismas: «Vaya tripa estoy echando, a ver si me pongo a dieta», o de nuestros conocidos hacia terceras personas: «Vaya pintas lleva...», «Está feísima así», «Este ya se está quedando calvo...». Todos estos comentarios tienen un impacto en nosotras.

También lo hemos aprendido de nuestros referentes: en la televisión, en las cantantes, en las películas, en las muñecas, en las princesas... Queríamos ser como ellas y, oye, la verdad es que eran todas muy parecidas, ¿no? Blancas, altas, cintura fina, pelo liso y largo, cara delgada, piernas largas y delgadas, vientre plano... Entre los muñecos para chicos y los superhéroes masculinos no había mucha más variedad: todos eran musculosos, altos, tenían el pelo sedoso, la mandíbula marcada, la piel blanca...

Conforme entramos en la adolescencia, nuestros referentes siguen siendo iguales, y al mismo tiempo deseamos encajar en el grupo y gustar a los demás. Para conseguirlo, nuestra carta de presentación es el físico. En esa etapa, aprendemos que nuestro éxito social dependerá, en parte, de nuestro cuerpo. Pero no te creas que esto acaba en la edad adulta... Cuando no es por una cosa, es por otra. Antes de los treinta, ya empieza a preocuparnos el envejecimiento, que no se noten las arrugas y las marcas de expresión (vaya, que no se note que nos hemos reído, que hemos vivido), ¡y hay que recuperar el tipo después de dar a luz, eh! Es increíble, no nos dejan tranquilas ni tras haber traído a un ser humano al mundo. Con todo esto, una se pregunta:

✦ ─────────────────────

¿Qué compensará más: aprender a aceptarme a mí misma o ir adaptándome a la presión estética de cada una de mis etapas?

───────────────────── ✦

Nuestra experiencia compartida nos dice que se nos señala cuando nos alejamos del canon de belleza y se nos aplaude cuando nos acercamos a él. Todas llegamos a la etapa adulta con una lección bien aprendida: **tener atractivo físico es importante, porque (¡se supone!) ATRAE lo que queremos** (atención, cariño, éxito, amor, sexo, dinero, buen trato...). No tener ese atractivo, en cambio, parece que es el primer paso para alejarnos de lo que buscamos.

A nadie se le escapa la relación entre el físico y el éxito. Sin embargo, los cánones estéticos van cambiando: pasamos de las curvas a la delgadez extrema, luego queremos curvas con músculo, ahora se lleva delgadez extrema otra vez... No es por entrar en conspiraciones, pero... ¿adivinas quién está detrás de todos y cada uno de estos cambios? ¡Exacto, la industria de la belleza!

La industria de la belleza fomenta nuestra insatisfacción corporal y se lucra con ella. Si mañana a todas nos pareciese bien nuestro cuerpo, nuestra cara, nuestra celulitis, nuestra piel, nuestro pelo, etc., ¿cuántos negocios dejarían de facturar? A través de la publicidad, nos crean complejos que no teníamos para vendernos después la solución, ya sea en escaparates o en clínicas de estética. ¿El secreto? **Cuanto más insatisfechas estemos con nosotras mismas, más consumiremos.** Consumir un producto que te asegura que te vas a quitar eso que no quieres ver o que vas a alcanzar eso que quieres ver te hará sentir bien a corto plazo: «Ya le estoy poniendo remedio», «Ya he encontrado la solución». Sin embargo, a largo plazo, te verás consumiendo, controlando y evitando cada vez que aparezca un nuevo complejo.

El pelo, los granos, la nariz, el pecho, la altura, la tripa, la celulitis, el michelín... ¿Cuántas partes de tu cuerpo pueden no gustarte?

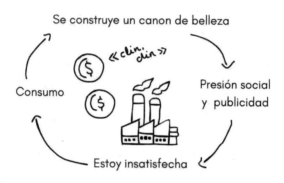

Igual que los estándares de belleza van cambiando, la forma de la insatisfacción también va mutando. **El canon se transforma, pero las presiones se mantienen, y el consumo y sus ganancias no hacen más que crecer.** Por ejemplo, en los años noventa estaban de moda las cejas muy finas y en los 2000 empezó a ser tendencia llevarlas gruesas. ¿Resultado? Las mismas mujeres que se depilaron las cejas, en ocasiones de forma irreversible, diez años después empezaron a consumir tratamientos para rellenarlas. Algunas de las que se hicieron un aumento de pecho cuando el canon marcaba que era lo bonito ahora se han sometido a una reducción. ¡Win, win! Para las industrias, claro.

Cuidado ≠ belleza

La publicidad de los productos de belleza crea una asociación tramposa entre cuidado y estética, y nosotras interiorizamos este discurso. Cuando nos esforzamos por estar guapas o acercarnos a los cánones, decimos que «nos estamos cuidando». Sin embargo, cuidarse va más allá de los esfuerzos por encajar en el ideal (¡y muchas veces va en contra!). Asumir que cuidado y belleza son lo mismo puede llevarnos a pensar que, al no consumir ciertos productos, nos estamos «descuidando», «dejando» o «abandonando». Recuerda: ¡cuidarse empieza por la búsqueda del bienestar psicológico y social, no por estar guapa!

¿Y tú, qué cosas haces para cuidarte?

¿CÓMO APRENDEMOS A ESTAR INSATISFECHAS?

Que el propio cuerpo genere rechazo no es algo natural en una niña, pues no nacemos con un gen que nos haga desear tener el vientre plano. Sin embargo, todas nos hemos sentido insatisfechas con nuestro cuerpo en algún momento de nuestra vida. **Hemos aprendido que nuestro cuerpo nos gusta o no en función de su forma.** Pero ¿cómo llegamos a ese punto?

La insatisfacción corporal no aparece de la nada ni en el vacío ni de un día para otro. Tampoco tiene que ver con un único factor, sino con varios: la cultura, la industria de la belleza, la socialización de género (es decir, lo que nos han enseñado que debe ser una mujer y un hombre), las presiones estéticas, la transmisión de esas presiones estéticas en la cultura y en ambientes particulares, ya sean la familia, el colegio, los amigos, las relaciones amorosas... **También tiene que ver con nuestra historia personal de aprendizajes.**

África, 25 años. «Me vienen mucho a la mente comentarios de mi madre sobre el físico y qué tipo de ropa nos quedaba mejor o que debíamos evitar teniendo en cuenta nuestro cuerpo, y opiniones de la gente acerca de lo grande que soy. Recuerdo que en un campamento de verano no me valía ningún pantalón del uniforme y, al final, tuvieron que darme uno de los monitores, del modelo para adultos. Recuerdo todos esos sentimientos y emociones en los probadores de las tiendas de ropa. Recuerdo que en primero de Primaria las niñas "populares" me expulsaron del baile grupal de fin de curso. Todavía sigo sintiendo todo eso cuando me miro el cuerpo».

Daniela, 30 años. «Nunca me han insultado por mi cuerpo, nunca me he sentido rechazada, pero yo veía cómo trataban a mis amigas más delgadas y cómo me trataban a mí. También me comparaba con mis primas en las cenas familiares y veía hacia ellas halagos que a mí no me hacían. Hubo una época en la que bajé de peso por un problema digestivo. La gente me alababa, me decía: "¡Madre mía! ¡Qué guapa!", "Vaya tipín, ¿cómo lo has hecho?". Por fin me sentía vista. Por un lado, era satisfactorio, pero, por el otro, sentía enfado hacia los demás porque ese cuerpo era resultado de haber estado enferma. También sentí pena por mi anterior versión, me molestaba que todas las miradas y halagos no hubieran ido para el otro cuerpo. Pensaba: "¿Qué pasa, que antes no era guapa ni digna de admirar?". Entonces empecé a tener miedo de volver a estar como antes».

Malen, 18 años. «Siempre he sido la amiga gorda. Eso solo me permite ser la maja, la graciosa, pero ya. Entras a una discoteca y ves que te ignoran, literalmente. Se acercan a hablar con las demás y a mí ni me miran. Mis amigas, más delgadas, me dicen que no es por mi cuerpo, pero no sé si se hacen a la idea de lo que es vivir con un cuerpo gordo y que ni se te perciba. Luego le doy vueltas y llego a la conclusión de que ellas tampoco se gustan con su cuerpo; entonces pienso que no hay salida, que lo de gustarse tampoco tiene que ver con eso al cien por cien, no sé».

Todas las personas tenemos una historia vital en la que hemos aprendido a comportarnos y a sentirnos de una forma. Si miras atrás, quizá encuentres alguna experiencia negativa relacionada con tu cuerpo: críticas sobre tu aspecto, no ver cuerpos parecidos al tuyo, compararte con compañeras de clase, acoso escolar, piropos y miradas lascivas por la calle, abuso sexual, que te midan minuciosamente, que te digan en el médico que lo que te pasa es por tu peso, que te pesen para una competición de gimnasia... Cuando el cuerpo se asocia con estímulos que generan emociones desagradables, este termina generando por sí mismo estas mismas emociones u otras parecidas.

Insultos	···· ➤	Miedo, ansiedad, malestar...
Insultos + Cuerpo	··· ➤	Miedo, ansiedad, malestar...
Cuerpo	··· ➤	Miedo, ansiedad, malestar...

NUESTRA HISTORIA DE APRENDIZAJES

Aprendemos a sentir y a comportarnos a través de cuatro vías: las asociaciones entre estímulos, las consecuencias de lo que hacemos, los referentes y las reglas aprendidas. Nuestra historia de aprendizajes es el resultado de todas estas cosas. Vamos a ver en detalle cómo aprendemos a estar insatisfechas con nuestro cuerpo.

Las asociaciones

¿Te ha pasado que la canción que tienes asociada a tu ex te pone triste? ¿O que te sienta fatal un alimento y luego te da una arcada con solo olerlo? **Esto también ocurre cuando se dan asociaciones entre determinadas características**

físicas y otras cosas que tienen el poder de causarnos emociones.

A nivel cultural (¡y en este momento histórico!), los cuerpos gordos* se han asociado con cosas negativas que generan emociones desagradables y los cuerpos más delgados y tonificados con otras positivas que generan emociones agradables. Por ejemplo, las personas con cuerpos grandes, gordos, a menudo reciben insultos o juicios como que eres vaga, o bien te lanzan malas miradas, y en las películas aparecen personajes gordos asociados a sudor, humillaciones... Estas uniones entre características de cuerpos gordos y elementos negativos provocan que la idea de tener un cuerpo gordo pueda generarnos emociones muy molestas: miedo, asco, ansiedad, pudor, vergüenza...

En cambio, los cuerpos delgados suelen aparecer asociados a cosas positivas, como las celebridades e *influencers* con vidas exitosas. Asociamos estos cuerpos a la belleza, la disciplina, la fuerza de voluntad, la salud o los cuidados, entre otras cosas. Esto hace que dicha normatividad nos genere respuestas agradables a las que queremos aspirar: placer, esperanza, deseo, felicidad, atracción. Todo esto lo aprendemos de manera implícita y explícita. La buena noticia es que podemos aprender a identificar estas asociaciones que nos bombardean, podemos ir descifrándolas y podemos aprender otras nuevas.

---

* En este libro se usan las palabras «gorda» o «cuerpos gordos» como descriptivas y sin pretender ser juzgadoras. Ciertos discursos antigordófobos se han apropiado de la palabra «gorda». Si al leerla sientes rechazo quizá es algo ilustrativo de lo que cuento en estas páginas. Hemos asociado la gordura a tantas cosas negativas que incluso la palabra «gorda» por sí sola ha adquirido el poder de producirnos este sentimiento.

Las consecuencias

¿Qué pasa a nuestro alrededor cuando perdemos o ganamos peso o músculo? **Nuestro cambio físico tiene consecuencias en nuestro entorno.** Por ejemplo, es muy habitual que el entorno de alguien responda de manera positiva cuando pierde peso, aunque no conozca los motivos que lo han provocado. Así es como una persona aprende que, cuando está más delgada, el entorno le prestará más atención y gustará más a los demás. Del mismo modo, existen experiencias donde se ha rechazado o se han hecho comentarios negativos asociados al aumento de peso. Estas observaciones fomentan la insatisfacción corporal que se asocia al aumento de peso.

> *Has adelgazado, qué guapa estás.*

> *Madre mía, cómo te has puesto este verano...*

Perder peso o acercarse de distintas formas a lo canónico termina siendo deseable porque el entorno responde de manera favorable. En cambio, ganar peso o alejarse de otras formas de lo canónico termina siendo temido porque el entorno responde de manera negativa o deja de responder de forma favorable. El entorno de cada persona tiene muchísimo poder y debemos ser conscientes de que nosotras somos el entorno de otras personas. Es decir, tenemos una responsabilidad enorme cuando el cuerpo de los demás cambia y es importante que nuestra respuesta sea amable.

Los referentes

No solo aprendemos por lo que nos pasa, sino por lo que observamos de los demás, quienes a veces son referentes. Estos modelos pueden estar en nuestro entorno cercano: nuestra madre, nuestra hermana, una amiga, una actriz, un futbolista, un famoso, una *influencer*... **Las personas que nos guían en nuestras aspiraciones también nos enseñan.**

Aprendemos también a través de otros, incluso si no son referentes *per se*. Por ejemplo, si vemos que tratan mal a personas con cuerpos gordos o no normativas, no hace falta que nos hayan tratado mal a nosotras a pesar de no tener un cuerpo parecido: a través de otra persona hemos aprendido las posibles consecuencias de tener características asociadas a esa persona. Aprendemos a temer acercarnos a eso. Por eso, la gordofobia es algo que afecta a las personas gordas, pero que nos influye a todas, tengamos el cuerpo que tengamos.

Las redes sociales y los *influencers* son ahora mismo uno de los principales contextos en los que aprendemos y observamos asociaciones y consecuencias. Por ejemplo, la asociación entre un aspecto concreto y una vida exitosa, o las consecuencias que tiene mostrarse públicamente con granos, con un michelín, con un aumento de peso... Además, lo perjudicial no solo es a quién seguimos en las redes sociales, sino cómo nos mostramos nosotras mismas y qué consecuencias tiene eso. Es el caso de **los filtros, que nos hacen pasar de una comparación con los demás a una comparación con nosotras mismas.** O incluso peor: con un posible yo. Nos hacen creer que hay una versión mejor de nosotras que pasa necesariamente por ciertos cambios y retoques (consumo y más consumo... Ejem, ejem...). Si no eres capaz de hacerte una foto sin un filtro, algo indica que no estás acostumbrada a tu cara. **Qué pena que nuestro propio rostro nos resulte ajeno, ¿no?**

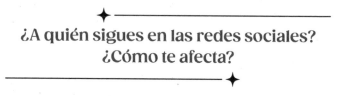

¿A quién sigues en las redes sociales? ¿Cómo te afecta?

Las reglas aprendidas

Por otro lado, tenemos las **reglas aprendidas,** que guían nuestro comportamiento. Una regla sigue la lógica de «Si hago A, entonces ocurrirá B». Por ejemplo: «Si el semáforo está en rojo, no puedo pasar porque me pueden atropellar». Del mismo modo, hemos aprendido reglas respecto a nuestro cuerpo:

Si engordo, no le gustaré a nadie.

Si adelgazo, conseguiré el cariño de esta persona.

*Si consigo tener este cuerpo,
estaré más segura de mí misma.*

Cuando adelgace, le diré de quedar.

Estas reglas permiten que, aunque no hayamos experimentado consecuencias directas de un cambio corporal, **podamos llegar a temerlas y que terminen guiando nuestro comportamiento**. Estas reglas son las que también hacen que persistamos buscando la delgadez, incluso aunque no hayamos alcanzado lo que promete. No hace falta que nos haya dado un calambrazo para no meter los dedos en el enchufe, nos basta con esta regla: «Si meto los dedos en el enchufe, entonces voy a sentir un calambrazo». Del mismo modo, no hace falta que nos hayan rechazado por nuestro cuerpo para no querer que este se aleje de la normatividad, de lo delgado, y hacer lo posible para que no pase.

Las reglas aprendidas pueden ser peligrosas porque no tienen por qué corresponderse con la realidad o con las experiencias reales. A veces incluso son desproporcionadas, tajantes, y pueden guiar comportamientos dañinos, como, por ejemplo, el de no comer para conseguir el cuerpo deseado.

En ocasiones, pregunto en consulta a mis pacientes por qué mantienen esos comportamientos y me responden algo así como: «Para sentirme más segura, para ser más feliz». En personas que en el pasado ya consiguieron bajar de peso planteo: «Cuando sucedió, ¿conseguiste ser más feliz y estar más segura?». La respuesta suele ser que no o no de manera sostenida, o al menos no sin daños añadidos. Por eso, a veces es más importante que nos fijemos en nuestra experiencia y no en nuestras reglas aprendidas.

¿Cuáles son tus reglas aprendidas respecto al cuerpo? ¿Qué dice tu experiencia?

Dentro de estas reglas que guían nuestro comportamiento respecto a nuestro cuerpo, puede haber varias **promesas**, incluso falsas promesas, pues muchas de ellas no terminan de cumplirse.

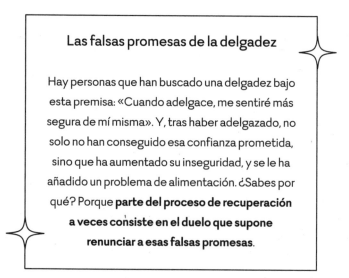

Las falsas promesas de la delgadez

Hay personas que han buscado una delgadez bajo esta premisa: «Cuando adelgace, me sentiré más segura de mí misma». Y, tras haber adelgazado, no solo no han conseguido esa confianza prometida, sino que ha aumentado su inseguridad, y se le ha añadido un problema de alimentación. ¿Sabes por qué? Porque **parte del proceso de recuperación a veces consiste en el duelo que supone renunciar a esas falsas promesas.**

¿Cuántas cosas importantes de tu vida crees que cambiarían si tuvieses el abdomen más plano?

Hay muchos factores de nuestra historia de aprendizajes que influyen en nuestra insatisfacción corporal:

Las asociaciones que detectamos entre unos cuerpos y ciertas cualidades:	✦ Delgadez = éxito, disciplina, belleza, feminidad... ✦ Gordura = dejadez, fealdad, rechazo...
Las consecuencias cuando nuestro cuerpo se ha mostrado de una forma u otra:	✦ Halagos y premios al acercarnos al ideal de belleza. ✦ Rechazo, humillación y retirada de atención y cariño cuando nos alejamos del ideal.
Lo que hacen o dicen nuestros referentes, las personas que consideramos modelos a seguir o que nos gustan:	✦ Nuestra madre dice con desprecio que no le gusta su tripa. ✦ Una influencer se opera el pecho y se muestra superfeliz.
Las reglas aprendidas:	✦ Si tengo este cuerpo, conseguiré lo que quiera. ✦ Si hago esta dieta, adelgazaré lo que necesito.

¿POR QUÉ HABLO EN FEMENINO?

¿Qué tienen en común los problemas de la anorexia nerviosa y la bulimia nerviosa? La insatisfacción corporal. ¿Y por qué más del 90 por ciento de las personas que sufren estos problemas son mujeres?

A estas alturas, ya nadie ignora que existe una diferencia de género respecto al ideal de belleza. Las normas respecto a cómo debe ser un hombre y cómo debe ser una mujer se reflejan en las presiones estéticas. Las mujeres sufren consecuencias psicológicas por la presión social respecto a cómo tiene que ser su cuerpo. El castigo por no llegar a esos estándares y la valoración social de las mujeres por su cuerpo es mucho más frecuente.

La construcción de la feminidad es un factor cultural que influye en el desarrollo de la insatisfacción corporal a través de mandatos de género, los cuales se transmiten a nivel cultural y en entornos próximos mediante mensajes más o menos sutiles:

> *Las mujeres deben controlar sus apetitos y deseos.*

> *Las mujeres deben ocupar poco espacio: su cuerpo tiene que ser pequeño y delgado.*

> *Las mujeres deben ser finas: su cuerpo debe ser esbelto, estilizado.*

> *Las mujeres deben complacer las miradas ajenas, ser atractivas en los espacios que ocupen.*

> *Las mujeres deben ser delicadas, su cuerpo no puede ser basto, musculoso.*

> *Las mujeres deben estar presentables.*

> *Las mujeres deben ser bellas.*

Estos mandatos respecto a cómo debe ser una mujer existen también respecto a cómo debe ser un hombre. Precisamente por estas presiones estéticas y mandatos de género, **todas sufrimos una insatisfacción corporal continua que va de menos a más**. En la sociedad en la que vivimos, en la que se nos bombardea todo el rato con cuerpos canónicos y la idea de que tenemos que estar guapas y presentables, es esperable que nos sintamos a disgusto con nuestro cuerpo de vez en cuando. Que sintamos insatisfacción corporal no quiere decir que tengamos un problema psicológico, sino que **vivimos inmersas en una sociedad que lanza mensajes problemáticos**.

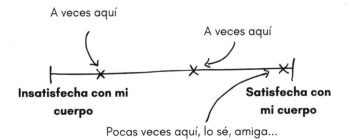

A veces aquí

A veces aquí

Insatisfecha con mi cuerpo

Satisfecha con mi cuerpo

Pocas veces aquí, lo sé, amiga...

¿En qué punto estás tú ahora?

AHORA, MIREMOS HACIA DENTRO

Sabiendo que en algún momento la insatisfacción corporal va a aparecer, porque todo el sistema está montado para que así sea, lo importante no va a ser esforzarse por no estar insatisfechas con nuestro cuerpo, sino saber qué podemos hacer cuando aparezca esa insatisfacción. Lo deseable será no comportarnos de un modo que pueda dañar nuestro cuerpo, no responder de manera negativa cuando aparezca esa insatisfacción para no aumentar así la intensidad de esa sensación y, sobre todo, para que eso no nos afecte en las cosas que nos importan.

La insatisfacción corporal no es el comportamiento problemático en sí, sino el resultado de otros comportamientos problemáticos: las cosas que hacemos con nuestro cuerpo, lo que decimos sobre él, los cuerpos que observamos en las redes, los lugares que evitamos, las comparaciones que hacemos, las relaciones que tenemos o las prendas que nos ponemos. Todo eso es lo que aumenta la insatisfacción y la convierte en un problema.

Todas podemos no gustarnos algún día en el espejo. Ahora bien, ¿qué hacemos con eso?

A. Cancelo todos los planes y me quedo en casa debajo de la sábana para que nadie me vea jamás.
B. Me pongo a dieta estricta y, durante los siguientes días, me alimento a base de lechuga y pavo.

C. Intento continuar con mi día, de la manita del bajón emocional, intento no machacarme y pensar en alternativas que sean sostenibles a medio y largo plazo.

(¡La C, yo creo que es la C!).

✦ ─────────────────────

¿Qué cosas haces que te llevan a tener peor relación con tu cuerpo? ¿Qué cosas haces que te llevan a tener mejor relación con tu cuerpo?

───────────────────── ✦

La insatisfacción corporal se compone de pensamientos, emociones y acciones concretas. Veamos qué forma pueden tomar:

Pensamientos	Emociones	Acciones
«No me gustan mis piernas».	Tristeza porque no tengo el cuerpo que me gustaría.	Me tapo cuando salgo de la piscina.
«Qué mala cara tengo».	Miedo al ver un número en la báscula que no me gusta.	Meto tripa todo el rato.
«Qué horror de brazos».	Asco al mirarme al espejo.	Cancelo una cita para que no me vean.
«Tengo una nariz feísima».	Rechazo al notar mi tripa hinchada.	Hago mucho ejercicio para cambiar mi cuerpo.
«A ver si hago cardio y adelgazo».	Ansiedad porque voy a la piscina y me verán en biquini.	Me pongo a dieta.
«Nadie me querrá con este cuerpo».		Me castigo.
«Así no puedo salir».		

Para tomar consciencia de tus pensamientos, emociones y acciones acerca de tu insatisfacción corporal, te propongo que hagas un autorregistro. Te recomiendo que lo hagas en una libreta, en las notas de móvil o en un chat de WhatsApp que tengas contigo misma, así siempre lo llevarás encima y podrás escribir en cualquier momento y lugar.

Situación	¿Qué pienso?	¿Qué siento?	¿Qué hago?
He ido a probarme ropa.	«Me queda todo fatal, soy horrible, debería adelgazar para entrar en la talla que quiero».	Tristeza, frustración, ganas de llorar.	Llego a casa y me pongo a dieta.

Lo importante muchas veces no es lo que sentimos o lo que pensamos, sino lo que hacemos con eso. Es normal tener pensamientos y emociones desagradables hacia nosotras si es lo que hemos aprendido según las experiencias pasadas. Sin embargo, también es posible darle la vuelta a un pensamiento y hacer algo distinto. **El verdadero cambio está en que esos pensamientos y emociones indeseables no disparen acciones dañinas que te hagan estar mal a largo plazo.**

MI CUERPO ANTE EL ESPEJO

Las mujeres hemos aprendido a valorarnos en función de la mirada de los demás, sobre todo de los hombres (incluso si no nos gustan). Esto es así porque históricamente son quienes han tenido el poder y la fuerza, la responsabilidad sobre nuestra economía y, por lo tanto, supervivencia, quienes han tomado las decisiones sobre lo que es bueno o no, lo que es válido o no, lo que es bonito o no. **Cuando nos miramos al espejo, no solo nos miramos nosotras, también aparecen los juicios y los criterios del resto de las personas que nos miran o nos han mirado.**

A lo largo de nuestra vida, nos hemos relacionado con otras personas a través del cuerpo y eso ha generado que sintamos y pensemos cosas respecto a él. Las amistades, los compañeros de trabajo y de clase, los familiares, las parejas, las personas que nos han gustado, los desconocidos que nos han mirado o nos han dicho cosas... Todos ellos son personas que influyen en la relación que vamos teniendo con nuestro cuerpo.

Cuando nos miramos en el espejo, lo que nos han enseñado esas personas está mediando entre la imagen que vemos y lo que sentimos. No es raro entonces que sintamos asco cuando veamos zonas de nuestro cuerpo que nos han rechazado o que repitamos críticas exactas que nos han podido hacer («Te sobran unos kilos», «Estás escuálida...», «Te falta culo»).

✦ ─────────────────────────

Cuando te miras, ¿a través de quién te estás mirando?

───────────────────────── ✦

La distorsión de la imagen corporal

Cuando hay una alteración notable entre lo que uno ve y lo que su cuerpo es en realidad, hablamos de distorsión corporal. Sin embargo, la **insatisfacción corporal** no tiene que ver siempre con la **distorsión de la imagen corporal**. A veces una persona puede tener una imagen correcta o acercada a la realidad sobre la forma de su cuerpo y, aun así, estar insatisfecha con él. Por lo tanto, son dos elementos relativamente independientes. **La distorsión corporal sería el efecto que tienen ciertas conductas obsesivas relacionadas con el cuerpo.** ¿Te acuerdas de cuando de peque jugabas a repetir una palabra hasta que te salía una distinta? Empezabas diciendo «monja, monja», pero al final decías «jamón». Pues con el cuerpo ocurre algo parecido: **si no paramos de observarlo una y otra vez, la visión terminará distorsionándose.** Del mismo modo, si evitas mirar tu cuerpo, cuando lo veas por sorpresa, será incómodo porque no estás acostumbrada a verlo y te resultará extraño. Así pues, tratar de tener una imagen exacta de cómo nos percibimos es un juego perdido y solo nos lleva a frustrarnos. Ningún objeto lo percibimos igual siempre y quizá nunca podremos acceder a su «imagen real», aunque esto ya parece una cuestión filosófica. Por ejemplo, un cuadro cambia dependiendo del humor con el que vayamos al museo, de la luz, de la gente que haya, de la perspectiva con la que lo miremos, de si lo vemos en persona o en foto... Por ejemplo, a mí la *Mona Lisa* me pareció muy pequeñita después de tanto verla en fotos. Pues con el cuerpo pasa igual.

Fátima, 19 años. «No soy capaz de estar sin meter tripa. Cuando me siento, pongo las piernas al borde de la silla para que no se aplasten y parezcan más grandes. Y, cuando voy a casa de mi mejor amiga, me siento en el sofá y me pongo un cojín encima de la tripa. En verano, trato de correr a por la toalla al salir de la piscina y que así se me vea lo menos posible. A veces, tengo citas y pienso si la otra persona me estará viendo los pliegues del cuerpo que más odio. Es como si estuviese haciéndome "escáneres mentales" todo el rato sobre cómo luce mi cuerpo, incluso si estoy sola. Estoy agotada. Cuando estoy pendiente de eso, no estoy pendiente de otras cosas, pierdo atención».

La insatisfacción corporal es el resultado de conductas concretas. Algunas están relacionadas con la evitación del cuerpo y otras con el chequeo constante. La insatisfacción corporal no es un trastorno en sí mismo, pero puede derivar en problemas psicológicos como algunos TCA o el trastorno dismórfico corporal.

Conductas de evitación

Meto la tripa todo el rato.

No me miro al espejo ni me miro desnuda.

Evito tocarme o notar mi cuerpo.

Me tapo en ciertas posturas.

No quiero hacerme ninguna foto.

Evito ir a ciertos lugares por miedo a que juzguen mi cuerpo.

Evito ir a comprar ropa.

Conductas de comprobación

Me comparo con otros cuerpos.

Me miro todo el rato, en espejos, escaparates...

Me pellizco, rodeo y agarro zonas de mi cuerpo.

Me miro desde varias posturas para ver cómo se me percibe.

Me hago fotos para comprobar cambios.

Me peso con frecuencia.

Mantengo ropa que no me sirve para ver si entro en ella.

¿Cuántas cosas te pierdes mientras estás pendiente de tu cuerpo?

UNA NUEVA DIRECCIÓN: LA ACEPTACIÓN

Quizá, al otro lado de la insatisfacción corporal no estaba la satisfacción, sino la aceptación. **La aceptación corporal es un conjunto de acciones y cosas que nos decimos** respecto al cuerpo y que fomentan la compasión, el cariño y el respeto hacia él a pesar de que no nos guste (o no del todo).

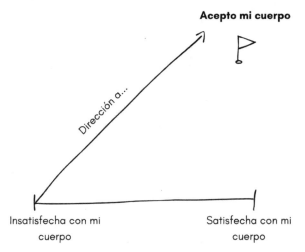

Acepto mi cuerpo

Dirección a...

Insatisfecha con mi cuerpo

Satisfecha con mi cuerpo

Una forma de fomentar la aceptación corporal es **cuidar el diálogo que mantenemos con nosotras mismas.** A veces, nos tratamos de forma injusta porque nos decimos cosas que no le diríamos a nuestros seres queridos. Todo el mundo nos dice que nos tenemos que querer a nosotras mismas, ¿verdad? Sin embargo, nadie nos cuenta cómo hacerlo. Yo te propongo empezar por cuidar cómo te hablas a ti misma. No es igual decirse «No me gustan mis piernas, pero merecen el mismo respeto y me permiten dar paseos» que «Qué asco doy, qué horror, adónde voy con estas piernacas». Estas palabras están cargadas de significados y de emociones asociadas. Además, cuidar cómo nos hablamos en muchas ocasiones puede suponer ayudar a quienes nos rodean a cuidarse y no hacerles sentir peor. Esto último tiene que ver con lo que comentábamos antes de cómo aprendemos a través de los demás. Cuando tú te dices que no mereces algo por cómo es tu cuerpo, de manera indirecta le estás diciendo a alguien con un cuerpo similar al tuyo que ella tampoco.

¿Cómo te hablas a ti misma?
¿Qué te dices ante el espejo?
¿Le dirías lo mismo a una persona
a la que quieres?

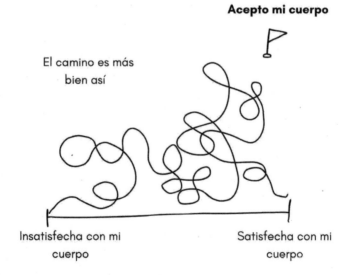

Acepto mi cuerpo

El camino es más bien así

Insatisfecha con mi cuerpo

Satisfecha con mi cuerpo

Para entender la aceptación corporal, **imagina que tu cuerpo es el compañero de piso que vas a tener toda la vida.** En realidad, es así. Siempre vamos a vivir con nuestro cuerpo. Es posible que tu compañero de piso no te caiga muy bien, pero seguro que querrás que la convivencia sea agradable. A lo mejor te cae bien, pero no te gusta todo de él, como es esperable. Si insultas a tu compañero de piso, si le ignoras todo el rato, no le miras, ni le diriges la palabra o, al contrario, si lo acosas porque no paras de mirarlo, escanearlo, chequearlo, comprobar si ha cambiado o no, si le ahogas con prendas que no le sirven, si nunca te sientas a tomar un café con él..., pues lo más probable es que sea una convivencia muy incómoda.

¡Cuidado! Las personas que han consumido mucho contenido relacionado con la aceptación corporal o con el movimiento *body positive* a veces se encuentran con un doble malestar:

1. Estoy mal con mi cuerpo.
2. Estoy mal por estar mal con mi cuerpo.

¡Que la aceptación corporal no se convierta en una nueva autoexigencia!

A mí me ocurre que estoy todo el día en consulta hablando de la aceptación corporal y fomentándola y blablablá, pero hay días que salgo de la consulta y también se me pasa por la cabeza cambiar mi cuerpo, incluso sabiéndome toda la teoría y creyendo al cien por cien lo que les cuento a mis pacientes. Entonces me siento fatal, pienso que estoy fracasando también en eso de la «aceptación corporal» y que me siento una impostora. ¡Eh, relájate, Superwoman! No podemos aislarnos de lo aprendido y de una sociedad que sigue trabajando para tenernos insatisfechas, es normal que se nos pasen esas cosas por la cabeza, lo importante es cómo surfeamos esa ola y hacia dónde queremos seguir remando.

Confieso que yo misma todavía no tengo muy clara mi postura y convivo con la disonancia. ¿La aceptación corporal supone inmovilismo y rendirse ante cualquier intento de cambio corporal, por pequeño que sea? ¿Y si me planteo un ligero cambio corporal mientras acepto que ahora tengo este cuerpo? ¿Eso cumple con mi idea de aceptación? ¿Es una forma de engañarme a mí misma? Cada una debe hacerse sus propias preguntas. Yo de lo que sí estoy segura es de que centrar todas mis energías y esperanzas en que mi cuerpo cambie es una trampa. No estoy dispuesta a hacer cualquier cosa por tener otro cuerpo, sino que voy a darle las gracias al mío y a aprovechar todo lo que me permite hacer el que tengo ahora.

SOMOS MUCHO MÁS QUE UN CUERPO

Lo que hace que la insatisfacción corporal sea un problema es lo mucho que importa nuestro físico en la valoración que hacemos de nosotras mismas. Es decir, nos podemos valorar a nosotras mismas, sobre todo, por nuestro aspecto, o nos podemos valorar y definir por los roles que tenemos (amiga, madre, hermana, pareja, maestra, abogada, estudiante de...), por nuestras cualidades personales (amable, carismática, estudiosa, graciosa, habilidosa con las matemáticas, ingeniosa, creativa...), por las cosas que nos gustan (aficiones, música, actividades, amistades...), por nuestros valores (justicia, ideas políticas, espiritualidad, creencias religiosas...) o por todo en su conjunto y sin fragmentarnos en cachitos. Tú eres todas esas cosas y nunca solo una.

 ¿Sabes aquello de no poner todos los huevos en una misma cesta? ¿O aquello de las cuatro patas que sostienen una mesa? ¡Ocurre lo mismo con el físico y el concepto que tenemos de nosotras mismas! **Si todo lo depositamos sobre el cuerpo, cuando el cuerpo no nos gusta, el impacto sobre nuestra autoestima es mucho mayor.** Sin embargo, si aprendemos a concebirnos como más que un cuerpo, a definirnos según más cosas, a presentarnos ante los demás de una forma más completa, conseguiremos tener más seguridad cuando un día no nos veamos bien en el espejo o cuando tengamos una mala racha.

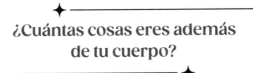

¿Cuántas cosas eres además de tu cuerpo?

 Dibuja un círculo. Supongamos que tú eres una tarta, una tarta que se puede partir en cachitos. ¿Qué proporción de la tarta (de ti) es tu físico? ¿Cuánta importancia le das? ¿Cuánto ocupa en ti?

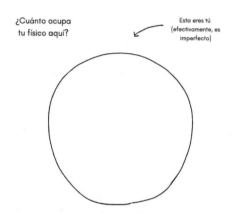

¿Y el hueco restante? ¿Qué cosas eres? ¿A qué cosas le das importancia? ¿De qué otros cachitos estás hecha?

Ahora bien, si tuvieses que pensar en la tarta que te gustaría ser, ¿cuánto ocuparía tu físico? ¿Y cuáles serían el resto de las cosas?

A través de este ejercicio, observamos diferencias importantes entre las cosas con las que te defines y las cosas que te gustaría que cobrasen importancia en ti y en tu vida.

Somos lo que hacemos. Así que, **si queremos ser otra cosa, otra tarta, le tenemos que dedicar más tiempo, atención, espacio y acciones a lo que queremos hacer.** Si ahora mismo la mitad de ti es tu físico, lo más probable es que le estés dedicando mucho tiempo: a pensar en él todo el rato, a tomar decisiones basándote en él... La verdadera liberación está en empezar a tomar decisiones que no estén condicionadas por el físico, sino por más cosas: por tus sueños, tus relaciones, tus aspiraciones, tu criterio, tus cualidades, tus valores...

En realidad, esto también ocurre con otros ámbitos, no solo con el físico. Hace tiempo me di cuenta de que yo sufría mucho con asuntos que tenían que ver con ser psicóloga o acercarme a serlo: las notas académicas, llegar a hacer el máster necesario para hacer terapia, las sesiones que no iban como me gustaría, los casos clínicos que no tenían la eficacia que yo esperaba, darme cuenta de que no sé hacer ciertas cosas... Llegué a la conclusión de que el círculo del autoconcepto que yo les presentaba a mis pacientes lo completaría poniendo que la mitad de mis trocitos era ser psicóloga. Me estaba olvidando de las piezas de mí que dibujan, hacen manualidades; las piezas que son mi yo creativa, mi yo amiga, mi yo hija, mi yo melómana..., y me estaba definiendo principalmente basándome en la parte de mí que es psicóloga, así que cualquier tema que iba mal en ese ámbito me suponía un problema de autoestima y de identidad. Ahora le intento dedicar más tiempo y pensamientos al resto de las cosas y me centro en percibirme a mí misma y hacerme más caso cuando hago otras.

MÁS ALLÁ DE LA BELLEZA

Imagina que al final de nuestra vida nos mostrasen un **contador con el tiempo que le hemos dedicado a la belleza y al cambio del cuerpo**: depilación, maquillaje, ejercicio, dietas, conteo de calorías, arreglarse para un evento, comeduras de cabeza de si me veo bien o mal, compras, cambiarse de ropa ochocientas veces... ¿Crees que estaríamos satisfechas con el resultado? ¿Y si hubiésemos invertido ese tiempo en cosas que nos importan más o que nos hiciesen más felices?

Es inevitable que queramos encajar en la sociedad, vernos bien o tener los menores complejos posibles, pues muchas veces no es posible escapar de todas las presiones culturales por estar guapas o «presentables» (sea lo que sea eso). Sin embargo, todo **el tiempo que las mujeres dedicamos a preocuparnos por estar guapas no se lo estamos dedicando a cosas más emancipadoras, disfrutables, liberadoras:** tumbarse en el sofá, descansar, jugar a algo que nos divierte, dedicar una hora más a nuestros seres queridos, leer, ver películas, aprender sobre un tema que nos importa, reflexionar sobre la división de las tareas domésticas, el acoso, las desigualdades económicas... No sé si es una falsa dicotomía, quizá no es incompatible, pero desde luego **el tiempo es limitado y los espacios también.** Cuando

ocupamos lugares, conversaciones y rutinas con la preocupación por la belleza, no se lo dedicamos a otras inquie-
tudes ni a otras ocupaciones, y tampoco nos distraemos ni
descansamos.

¿Quién y qué me enseña a desear?

Una puede decir que quiere cambiar por «verse mejor a sí misma»
y no por los demás ni por la sociedad. Sin embargo, esto no es del
todo cierto: aunque alguien quiera cambiar para verse mejor, la visión ha estado influida por el ambiente en el que ha crecido y ha
aprendido. Es difícil, si no imposible, separar el deseo propio del
mandato social. **Nuestros deseos están configurados a nivel social, no deseamos en el vacío.** El ambiente tiene poder sobre nosotras. Que el pelo en las piernas, la celulitis o el sobrepeso generen rechazo viene del significado que adquiere nuestro cuerpo y
sus distintas formas en esta sociedad. El deseo propio no se puede separar de lo que se nos ha enseñado que es deseable.

¿Querrías cambiar tu cuerpo si estuvieras en una isla desierta? ¿Y si hubieses crecido en ella?

En el fondo, **lo que deseamos cuando queremos ser
guapas no tiene por qué ser la belleza en sí misma, sino
más bien la aceptación, el cariño y el mejor trato de los
demás.** Hay otras formas de acceder a eso que no son el

cambio físico y, sobre todo, debemos considerar la idea de que podemos, somos y nos relacionamos más allá de nuestro físico.

¿Qué hay detrás de tu deseo de delgadez, esbeltez, tonificación, belleza? ¿Hay otras formas de conseguirlo?

PAUTAS PARA TENER UNA MEJOR RELACIÓN CON TU CUERPO

Asocia tu cuerpo con otras cosas agradables

Como ya hemos explicado, aprendemos a que no nos guste nuestro cuerpo porque se ha asociado con cosas negativas que nos generan emociones desagradables. La buena noticia es que **podemos aprender a que nuestro cuerpo nos genere emociones más agradables**. Por ejemplo, si asociamos nuestro cuerpo a estímulos que ya nos generan esas sensaciones: un olor, una canción, una sensación agradable, un lugar, una frase, una actividad disfrutable o lo que se te ocurra.

Algunas experiencias que te ayuden a mejorar la relación que tienes con tu cuerpo pueden ser darte un automasaje con tu crema favorita que tiene un olor y un tacto que te gusta, bañarte con una vela encendida y tu *playlist* favorita, ducharte con el agua a la temperatura que te es agradable, bailar frente al espejo y pasarlo bien, hacer teatro o practicar pilates.

Intenta cambiar las cosas que dices de tu cuerpo, en público y en privado

Para tener buena relación con nuestro cuerpo, deberemos hablar de él como hablaríamos del cuerpo de alguien a quien queremos. Esto es importante que lo hagamos tanto en público («¡Madre mía, estoy horrible, me veo asquerosa!») como en privado. Trata de dejar de decírselo a los demás y de cambiar cómo te lo dices cuando te miras al espejo.

Intenta evitar filtros de aplicaciones que retoquen tu cara

En las redes sociales hay una nueva fuente de complejos que dispara las comparaciones con otra posible «yo». Me refiero al uso de filtros que nos retocan la cara, pues hacen que nos desacostumbremos a la nuestra y nos encaprichemos con otra que supuestamente es mejor. Para que esto no nos suceda, lo ideal sería dejar de usar filtros cuando nuestra cara nos empieza a parecer extraña. Esto se puede aplicar también al maquillaje, que es el filtro de la vida real. Si eres incapaz de salir sin aplicarte un producto concreto, o si empiezas a obsesionarte con zonas que antes resaltabas o tapabas, quizás es hora de descansar de ese producto y recuperar el contacto con tu cara real.

Dedícale tiempo y atención a las cosas que te importan

Para que la insatisfacción corporal no domine tu vida, busca tiempo para esas cosas que te importan, que disfrutas, que quieres en tu día a día y que están más allá del físico. Lo importante no es lo mucho o lo poco que te guste tu cuerpo, sino hasta qué punto te condiciona la vida que quieres llevar.

Busca el punto intermedio entre la comprobación y la evitación

Comprobar todo el rato cómo está nuestro cuerpo o, por el contrario, evitar verlo a toda costa, puede propiciar el rechazo hacia él. La idea sería que **pudiésemos mirar nuestro cuerpo para lo que necesitamos mirarlo**, más allá de para comprobar cuánto ha cambiado o evitar enfrentarnos a esto. Lo ideal es empezar a observar nuestro cuerpo con otros objetivos que no tengan que ver con lo estético: valorar lo que nos permite hacer, acostumbrarnos a sus formas, darle placer y cuidarlo.

No mantengas ropa que no te sirve

Conservar la ropa que ya no nos vale para obligarnos o «motivarnos» a entrar en ella es un castigo. También lo es obligarte a ponerte ropa con la que no te ves bien o que no te gusta para castigarte por tu cuerpo. Tratar bien a tu cuerpo supone vestirlo con algo que te resulte cómodo y bonito, aunque esto es un reto cuando las tiendas no ponen de su parte para incluir todas las tallas. Lo importante es que recuerdes que la ropa debe servirte a ti, no tú a la ropa.

Ideas clave del capítulo:

La insatisfacción corporal no tiene que ver solo con una cosa, sino con varios factores.

Las industrias de la belleza ganan dinero gracias a que nosotras estamos insatisfechas y consumimos sus productos.

El problema no es nuestro cuerpo, sino la sobrevaloración de este.

Lo importante es concebirse como más que un cuerpo y dedicarle atención y tiempo a esas otras cosas que somos o nos gustaría ser.

2. EL CONTROL DE LA COMIDA ME CONTROLA

Miro la carta antes de ir a un restaurante, ya no puedo improvisar tranquila.

Si no como lo que está dentro de mis normas, me pongo fatal.

Mi dieta me ha hecho tener terror a ciertos alimentos.

LA ESTAFA DE LAS DIETAS: NI BAJAR DE PESO NI BIENESTAR

Cuando nos sentimos insatisfechas con nuestro cuerpo, una de las primeras cosas que se nos puede pasar por la cabeza es hacer dieta. Desde pequeñas nos han vendido la solución milagrosa: si te sientes mal con tu cuerpo, cambia tu alimentación, en concreto, come menos cantidad o no tomes ciertas cosas. Pensar en hacer dieta nos alivia enseguida porque significa que eso que nos hace sufrir tanto tiene una aparente solución. Sin embargo, la prometida solución trae más problemas. **Las dietas son el principal factor para desarrollar un TCA.** Controlar la comida con un objetivo estético puede ser la puerta de entrada a dos problemáticas: la obsesión por la restricción o el descontrol con la comida. En este capítulo nos vamos a centrar en el primer caso: cuando te obsesionas por controlar la comida y esto termina controlándote a ti.

Todas hemos escuchado a una madre, tía o amiga decir que está a dieta, que la va a hacer o que la ha hecho a lo largo de su vida. Y, aunque no estemos haciendo dieta de manera pautada, estamos haciendo esfuerzos por comer lo menos posible, como si la victoria supiese a gloria. Además, parece que incluso se genera una sutil competición entre mujeres:

A mí ponme la mitad de la tarta.

A mí la mitad de la mitad.

A mí la mitad de esa mitad.

Escribo el diálogo y me imagino a mujeres de todas las edades en un cumpleaños mientras el resto de los hombres disfrutan tan alegres del postre. A las mujeres nos han dicho que tenemos que aspirar a ser femeninas y que eso significa ser finas, controlar nuestros apetitos, ser comedidas y no glotonas. Hacer dieta, controlar los apetitos y fustigarnos cuando comemos algo que supuestamente «engorda» parece parte de la experiencia femenina.

Las dietas cambian de igual forma que lo hacen las modas estéticas, tienen el mismo objetivo de crear nuevas necesidades y vender nuevos productos. Una vez bromeé con una paciente con la que me sirve usar el sarcasmo: «¡Ah! Pero ¿sigues contando calorías? ¡Si eso está desfasado! Es muy de TCA de los 2000...». En los últimos años se han desarrollado formas más sofisticadas de controlar la alimentación, formas que cada vez se solapan más con discursos de «lo saludable» o lo nutricionalmente adecuado. Sin embargo, todos esos discursos pueden esconder los mismos objetivos y traer las mismas consecuencias psicológicas dañinas. Ahora se habla de dietas para balancear las hormonas, estabilizar la flora intestinal, regular los picos de glucosa... Y, oye, si de paso perdemos unos kilos, mejor que mejor, como siempre. O esta nueva obsesión son los alimentos ultraprocesados (pero es por salud, eh, guiño, guiño).

Desde luego que tenemos que priorizar criterios de salud física y nutricionales, no debemos para nada ser negacionistas de las consecuencias negativas que pueden traer ciertas formas de alimentación sobre ciertos aspectos de la salud ni de los beneficios de una alimentación nutritiva y estratégica sobre el organismo. Sin embargo, lo que me preocupa de esa tendencia es que, detrás de estos planes nutricionales y lemas en apariencia saludables, se esconda una manera aceptable a nivel social de controlar la alimentación hasta el daño psicológico. Me llama la atención que algunos de los promotores de esas dietas o formas de alimentación muestren su efectividad a través de fotos del cuerpo antes y después. Pero ¿el objetivo no era la salud? ¡Enséñame el antes y después de las analíticas! ¡Cuéntame si la calidad de vida ha mejorado! ¡Si la persona se siente mejor consigo misma o tiene nuevas obsesiones y culpas! Si el cambio de alimentación «saludable» encubre el motivo de modificar la figura, entonces es lo de siempre, pero ahora es más difícil de identificarlo como algo problemático.

Las dietas no funcionan ni siquiera para cambiar el cuerpo. Si fuera así, no saldría una nueva forma de hacer dieta cada dos por tres ni habría «efecto yoyó». Me encuentro en consulta con muchas mujeres que han probado muchas dietas y formas menos estructuradas de restringir o controlar la alimentación, y siempre terminan dejándolas. Cuando esto sucede, se dan atracones con los alimentos prohibidos, pues están desesperanzadas por no conseguir resultados, y entonces las inunda una sensación de fracaso. Pero no son ellas las que fallan, el fallo son las dietas. No son ellas las que no funcionan, sino las dietas. Las dietas restrictivas no son sostenibles a largo plazo. **Incluso si funcionasen para bajar de peso, no nos aseguran que ayuden para algo más importante: el bienestar psicológico.**

A veces tengo este diálogo con mis pacientes:

¿Por qué haces dieta?

Para cambiar mi cuerpo.

¿Y para qué quieres cambiar tu cuerpo?

Para estar tranquila, para sentirme mejor conmigo misma, para sentirme más aceptada socialmente...

Si ese es el objetivo final y se lo está llevando por delante esa dieta..., pues vaya estafa.

La única dieta buena es la que te permite llevar la vida que te hace disfrutar y cuidarte en todos los aspectos.

✦ ────────────────────

¿Tu dieta te acerca a vivir o vives para una dieta?

──────────────────── ✦

LAS TRAMPAS DEL CONTROL

Las formas de control van más allá de restringir comida o prohibirse alimentos. También tienen que ver con estrategias para controlar el hambre, beber agua en exceso, excederse con las infusiones o tés, contar el tiempo que pasa entre comida y comida, contar el tiempo que se pasa comiendo, cortar la comida en cachos pequeños, dividir el plato en diferentes partes, retirar ciertos alimentos, contar las veces que se mastica, comer demasiado lento... Mira, me he cansado de solo escribirlo, así que no me imagino lo agotador que es intentar controlarlo todo el tiempo.

Hay muchas **formas de control de la alimentación**, estas son las más comunes:

+ Restringir
    + macronutrientes (por ejemplo, evitar los hidratos de carbono).
    + tipos de alimentos (por ejemplo, evitar los alimentos ultraprocesados).

    ✧ alimentos concretos (por ejemplo, evitar el chocolate).

    ✧ cantidades (por ejemplo, evitar comer más de tantos gramos).

✦ Ayunar.

✦ Saltarse comidas.

✦ Contar calorías.

✦ Pesar la comida.

✦ Hacer dieta.

✦ Categorizar alimentos (buenos/malos, procesados/ultraprocesados, engordan/no engordan, sanos/no sanos, limpios/guarros...).

La categorización entre **comer bien o comer mal** puede considerarse otra forma de control. En general, todo lo que supone dividir y categorizar alimentos como se indica en el último punto puede convertirse en una forma de control que genere obsesiones y derive en culpabilidad intensa cuando se come algo fuera de la categoría «adecuada».

Más adelante veremos que este mismo control se puede manifestar también en la actividad física. Los relojes inteligentes son otro mecanismo de control: nos dicen los pasos que damos, nos obsesionamos con los 10.000 pasos diarios y, al alcanzarlos, conseguimos también una sensación de logro, de estar haciendo algo de forma correcta, de un estatus superior.

En consulta ya encuentro personas obsesionadas con estas cifras: además de la de las calorías, también las del peso. Números, números, números...

«¡Madre mía! Pero entonces ¿todo es control? ¿No debería controlar lo que como?», te preguntarás. Lo problemático, en realidad, no son los comportamientos de control en sí mismos, **lo importante es preguntarse la función que cumplen esos comportamientos**, para qué son esos comportamientos y qué ventajas traen. Es decir, una persona puede evitar alimentos para cuidarse respecto a una intolerancia, un motivo médico, para sentirse coherente con un motivo moral, como es el caso del vegetarianismo o veganismo, y no tiene por qué ser problemático. Podemos controlar la alimentación o tener categorías alimentarias como un criterio más de tantos otros o como orientación para guiar nuestro comportamiento (¡con flexibilidad!). Todo eso está fenomenal si nos ayuda. Sin embargo, a veces podemos llegar a controlar la comida para conseguir objetivos estéticos poco realistas, inalcanzables, insostenibles o incompatibles con llevar una vida satisfactoria o para manejar situaciones que no tienen nada que ver con la comida, sino con otro tipo de habilidades.

Las conductas de control se vuelven perjudiciales cuando crean daños a medio y largo plazo e interfieren en áreas importantes para una misma. Si el control con la comida, incluso por motivos de salud, comienza a ser tan obsesivo que afecta a las relaciones importantes con los otros, a los estudios, al trabajo, a la rutina, al estado anímico..., es entonces cuando dejan de ser deseables. Los comportamientos controladores con respecto a la alimentación y el cuerpo son problemáticos cuando el control te controla a ti.

¿Cómo sé si el control me controla? Marca las afirmaciones con las que te sientas identificada para ayudarte a aclararlo:

+ No disfruto de la comida porque solo pienso si engorda o no.
+ Siento mucha culpa cuando como algo que estaba fuera de mis planes.
+ No disfruto de eventos sociales porque solo pienso en lo que hay de comer.
+ Evito hacer cosas que me apetecería solo porque hay comida.
+ Las decisiones que tomo en mi día a día tienen que ver principalmente con comida.
+ No puedo parar de pensar en comida.
+ Paso mucho tiempo organizando comidas.
+ Rechazo alimentos que me gustan y que antes disfrutaba.
+ Siento miedo ante ciertos alimentos.
+ Pierdo mucho tiempo haciendo la compra.
+ Tengo que mirar las calorías, los valores nutricionales o los ingredientes de todo lo que ingiero porque lo paso mal si no lo hago.
+ Tardo mucho tiempo en decidir qué comer.
+ Me gustaría poder comer libre y tranquila como otra gente.
+ Cuando como algo que me hace sentir mal, necesito compensarlo urgentemente.
+ Mis relaciones, mi familia, mi pareja, mis amistades, mis estudios, mi trabajo o los proyectos que me importan se han visto afectados por mi relación con la alimentación.

Si has marcado la mayoría de los puntos de la lista o algunas de estas ideas afectan significativamente en tu día a día, lo más probable es que exista un problema de control con la comida. Es posible que no hayas llegado a marcar todos los puntos de la lista y pienses que no hay nada malo en intentar empezar a restringir «un poquito». Quizá se empieza controlando no comer mucho pan, una vez que se consigue se siguen evitando otros hidratos, después las grasas, luego otro alimento... Empezar a controlar es una trampa, porque **el control es insaciable, el control siempre pide más. Para el control nunca nada es suficiente.**

¿Qué puede pasar si empiezas a darle vueltas a alguna de estas ideas? Veamos algunos escenarios posibles:

Voy a seguir hasta que llegue al peso que quiero.

+ Ese peso quizá no es el que necesitas para vivir con energía y no se podrá mantener en el tiempo.
+ Tal vez, cuando llegues a ese peso, seguirás sin estar satisfecha. Entonces ¿qué?
+ Empezará una obsesión con la báscula.
+ Te convertirás en esclava de un número.
+ Efecto yoyó: recuperarás ese peso y más.
+ Te perderás planes por seguir tu proyecto de pesar menos kilos.
+ Dejarás de hacer cosas que te gustaría hacer.

> *No quiero pasarme de cierto número de calorías.*

✦ Te convertirás en esclava de esos números.

✦ Vivirás haciendo ecuaciones.

✦ No disfrutarás de las comidas.

✦ Limitarás tus planes.

✦ No sabrás improvisar.

✦ Solo guiarás tus decisiones según las calorías.

✦ No guiarás tus elecciones respecto a otros criterios importantes como el disfrute, el hambre, la saciedad, tus necesidades y tus apetencias.

> *Cuando voy a comprar al supermercado, escaneo con mi aplicación los alimentos que me permito comer y los que no.*

✦ Perderás mucho tiempo que podrías invertir en cosas que consideras más valiosas.

✦ Tendrás pavor a los alimentos que se salen de lo permitido en esa aplicación.

✦ No aprenderás a valorar un alimento en función de otros criterios.

✦ Regalarás o pagarás valiosos datos a una empresa que sacará beneficio de tu insatisfacción corporal.

Tener reglas rígidas con la alimentación y guiar el comportamiento basándote en ellas es otra forma de control. Por ejemplo: «Los hidratos engordan, así que los evito» (por cierto, esto es un mito), «No puedo comer más de tantas calorías», «Por las noches es mejor cenar ensalada» (otro mito),

«Solo merezco comer si me veo delgada». Estas reglas aprendidas son las que generan culpabilidad.

> ¿Cuáles son las reglas que tienes asociadas a la alimentación? Piensa en ellas y apúntalas.

«Vale, ya he dejado de controlar la comida. Ya no restrinjo, me estoy permitiendo esos alimentos, pero ¡sigo agobiada con la comida! ¡Sigo pensando en comida todo el rato! ¡Sigo descontrolándome con la comida! ¿Qué pasa?». Quizá ya estás en un punto en el que has dejado de restringir de forma manifiesta (y, oye, enhorabuena), pero sigues poniendo límites de forma encubierta: piensas en restringir, aunque no lo hagas o no lo consigas, sigues teniendo alimentos prohibidos o que tratas de moderar aunque finalmente te los comas, tienes reglas respecto a lo que es malo o lo que no, te dices «hasta aquí» aunque luego no puedas evitar seguir, u otras formas de control más «privadas». Por lo tanto, tenemos que considerar que controlar la comida no solo es llevarlo a cabo, sino también controlarlo «mentalmente».

¿PARA QUÉ CONTROLO?

Si el control es tan malo, entonces ¿por qué sigo haciéndolo a pesar de ser consciente de sus consecuencias? Todos nuestros comportamientos se mantienen porque a corto plazo nos sirven o sirvieron para algo, cumplen una función, nos traen una ventaja. **Cuesta soltar el control porque sentirlo suele ser un reforzador**: una consecuencia ventajosa que aumenta la probabilidad de que se repita la acción (en este caso, la restricción). Por ejemplo, cuando alguien cuenta calorías, a corto plazo obtiene ventajas, por eso sigue haciéndolo, pero a medio y a largo plazo esto crea un problema.

Es normal que las personas busquen control sobre sus apetitos y su cuerpo porque a nivel social se ha aplaudido mucho. Es decir, cuando una acción trae consecuencias agradables, tiende a repetirse porque queda reforzado. Hemos asociado comer mucho a debilidad, descontrol, falta de voluntad, grosería o poca feminidad, así que queremos evitar que nos asocien y nos asociemos con esas cualidades. Percibimos que tiene más fortaleza, más disciplina o fuerza de voluntad quien ha logrado bajar de peso, a quien logra decir que no cuando algo le apetece, a quien logra pasar hambre, como si hubiese alcanzado un estatus espiritual superior. **Parece que quien controla sus apetitos logra una pureza moral.** Parece que quien controla tiene poderes. Y mi pregunta es ¿nos estamos flipando con el control?

Posibles funciones del control con la comida
(restringir, contar calorías, categorizar alimentos)

A corto plazo:

✦ Alivio el miedo asociado a engordar.

✦ Pienso que me acerco a un cuerpo «mejor» y fantaseo con él.

✦ Obtengo sensación de control.

✦ Cumplo reglas sobre mi cuerpo y la comida.

✦ Tengo sensación de disciplina, de cumplir, de logro.

✦ Evito sentirme culpable.

→ ¡Y por eso se mantiene! ¡Porque a corto plazo funciona!
Se refuerza.

Pero a medio y a largo plazo:

✦ Estoy más obsesionada con mi cuerpo.

✦ Pienso más en comida.

✦ No pierdo el miedo a engordar, se ha hecho más grande.

✦ Cuando no cumplo mis reglas, lo siento como un fracaso.

✦ Las calorías son un dato que no se me olvida y me persigue.

✦ Me convierto en esclava del control.

✦ No disfruto de las comidas.

✦ No estoy presente en momentos importantes.

✦ Estoy más irritable.

✦ No pierdo el miedo a comer.

✦ No me despreocupo.

✦ Me siento culpable por comer.

✦ Mantengo el problema con la alimentación.

✦ Me pierdo planes sociales.

Celia, 24 años. «Cuando decido no comer, me siento genial. Pienso que solo yo tengo control sobre eso, nadie más lo tiene, y puedo hacer todas las jugarretas que yo quiera. Es como si estuviese enganchada a esa sensación de satisfacción instantánea. Mi cuerpo quiere conseguir unos placeres que puedo reprimir y eso me hace sentir bien. La gente me ha llegado a decir admirada que qué fuerza de voluntad tengo. Por un lado, me siento fatal porque no saben lo mal que lo paso a solas; pero, por otro lado, me noto bien. En general, soy así con todo, tengo mucha necesidad de tener todo controlado, seguir una rutina, saber lo que va a pasar... A veces suelto el control en ámbitos de fiesta, ahí me permito hacer todo lo que no me dejo entre semana».

Una paciente me dijo una frase reveladora: «Si suelto el control, decido yo; cuando controlo, decide una voz obsesiva». En definitiva: **soltar el control es ganar libertad, capacidad de elegir.**

A veces, la búsqueda de control en la comida viene de una percepción de falta de control en otros ámbitos de la vida. Todas las personas buscamos controlar cosas que nos importan, pero la vida es impredecible y está llena de altibajos e incertidumbre. La vida de cada una de nosotras es compleja, cambiante, y tiene condicionantes que no podemos modificar a nuestro gusto. Esto se vuelve más desagradable cuando llegan épocas de estrés o de malas rachas en las que nos gustaría pulsar un botón y que todo se pusiese en su sitio.

Alison, 26 años. «Si dedico energía a pensar en esto, tengo algo a lo que echarle culpa de mi sufrimiento diario. Si esta preocupación se hace más pequeña, veo las partes de mi vida que no me gustan; las partes de mí, de cómo me perciben los demás, de las cosas que he hecho mal. Empiezo a pensar en que mi vida se está desmoronando, que no me gusta mi trabajo, que no he acabado aún la carrera cuando es lo que se espera de mí y que voy tarde. También pienso que me da miedo enamorarme, que me vuelvan a decepcionar. Sigue habiendo cosas que veo en mí y en mi vida que no van bien y ahí no puedo cambiar ni puedo decidir si los demás me siguen queriendo. Si además de todo esto engordo, es peor. Necesito certezas y nadie me las puede dar, pero lo de comer o no comer, adelgazar o engordar, sí está en mi mano».

En consulta suelo ver pacientes que explican que controlar la comida les ha servido para sentir el control que les hacía falta en otros aspectos de su vida que percibían caóticos y que les generaban miedo. Uno de los objetivos de la terapia es llegar a comprender que **ni allí fuera, en la vida, en el día a día, hay tanto caos y descontrol, ni la alimentación proporciona un control real: son las normas rígidas las que te están controlando a ti.** Cuando sentimos falta de control ante situaciones desagradables, la comida puede presentarse como algo accesible que podemos controlar. Ante una ruptura, un duelo, un periodo de exámenes, un cambio de residencia, una época de estrés, un conflicto interpersonal, etc., se puede buscar en la comida el control que no se percibe en esas áreas.

Controlar la comida es, en realidad, otra forma de control sobre el aspecto. **El control sobre el aspecto a veces también es un intento de control sobre las relaciones personales:** «Si controlo lo que como, controlo mi aspecto, y, si controlo mi aspecto, controlo lo que los demás piensan sobre mí y controlo que me vaya bien».

A veces, desde el ámbito familiar, no se fomenta la autonomía y hay exceso de sobreprotección. Esto es una gotita más que llena el vaso de un posible problema de alimentación, porque la persona no aprende a manejarse en situaciones de incertidumbre ni desarrolla habilidades para afrontar ciertas situaciones, de modo que puede terminar buscando a través de la comida esa sensación de control sobre algo.

¿Hay algún área en tu vida en la que creas que no tienes el control?

¿Piensas que controlas en exceso ciertas cosas?

¿Qué tal te sientes cuando improvisas?

El control como castigo

En la mayoría de los casos, la conducta de controlar y restringir la comida se mantiene principalmente para evitar engordar o lograr adelgazar, pero también para escapar de las emociones desagradables asociadas a los cambios de nuestro cuerpo y acercarse a las emociones agradables vinculadas a tener un cuerpo normativo. Sin embargo, hay otro motivo muy llamativo: no comer para castigarse. **Hay personas que manejan la culpa, los conflictos interpersonales o la sensación de fallar no comiendo.** Esta idea se expresa en una regla muy simple: «Si fallo o me sale algo mal, no merezco comer». Hemos aprendido esta regla porque a nivel cultural nos han transmitido que, cuando hacemos algo mal, debemos compensarlo y pagarlo: con castigos, con lamentos, con perdones. Entonces, no permitirse comer por sentir culpa tiene sentido porque supone la ventaja de al menos estar siendo coherente con una regla aprendida. Desde luego, merecemos comer, independientemente de lo que hagamos hecho o lo que esté ocurriendo.

NO HACER DIETA ES COMO REMAR A CONTRACORRIENTE

Sigue habiendo una tarea difícil que es seguir remando a contracorriente. No restringir, no compensar o no hacer ejercicio para cambiar el cuerpo es todo un reto en una sociedad que nos impulsa a ello. Ante el cansancio que supone elegir la opción de cuidarse a nivel psicológico y no entrar ahí, una puede pensar si merece la pena, si no sería más sencillo tratar de cumplir con el canon. Puede parecer el camino más sencillo y atractivo, hay un montón de falsas promesas cuando consigues el cuerpo de tus sueños. Se supone que conseguirás por fin paz, tranquilidad, sentirte guapa y confiada…, pero no es cierto. En la parte oculta del iceberg se esconde que mantener ese cuerpo y ese ritmo es insostenible, así como otros costes que no nos cuentan. **Remar a contracorriente es un esfuerzo, pero merece la pena si es hacia las cosas que nos importan.**

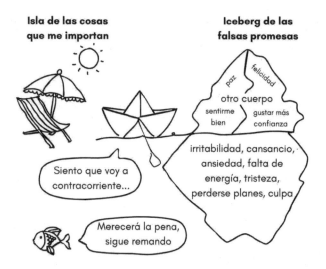

Pamela, 30 años. «Yo tenía un problema con la alimentación, era como si me estuviese castigando todo el rato sin comer. Incluso merendar dos días era disfrutar demasiado. **Comer por placer era como fracasar.** Ceder a los dulces para mí era no tener fuerza de voluntad. Ahora que he soltado el control, lo que siento es tranquilidad, calma, más seguridad en lo que hago, siento que por fin tengo yo las riendas de mi vida, no las tiene la comida. Tengo más capacidad para tomar decisiones, vuelvo a saber lo que me apetece, cosa que antes ni me preguntaba. Hacía lo que me había impuesto con mis normas estrictas. Obviamente, no ha sido un camino recto ni fácil..., pero ha merecido la pena. Estoy de mejor humor, no me había dado cuenta de lo irritable que estaba por no comer y pensar todo el día en la comida. Ahora disfruto más de los momentos porque ya no estoy pendiente de lo que hay en la mesa ni de hacer cálculos sobre qué puedo comer y cómo puedo compensarlo luego. Contar ocupaba mucho tiempo en mi cabeza y **apagar esa calculadora me ha traído una calma que no cambiaría por el cuerpo ideal**. Ha sido una liberación».

¿En qué cosas te centrarías si no pensases en comida? ¿Qué otras cosas harías si no controlases la comida?

PAUTAS PARA QUE EL CONTROL NO TE CONTROLE

Rompe las reglas rígidas

Para que tus reglas estrictas con la comida dejen de dominarte, la idea será hacer lo contrario a lo que te piden: desobedécelas, solo así perderás el miedo progresivamente. Por ejemplo, si tienes una regla que consiste en no cenar hidratos por la noche, puedes tratar de hacerlo alguna vez a la semana y exponerte poco a poco a ello. Al principio será desagradable, pero a largo plazo perderás ese miedo, estarás menos obsesionada por otras cosas que no tienen que ver con esas reglas impuestas. Vivir siguiendo unas reglas sobre la alimentación es vivir atada a esas normas.

No hagas caso a la culpa

La culpabilidad que aparece al comer de cierta manera es el resultado de mantener unas reglas rígidas con la alimentación y el deporte. El problema no será la culpabilidad en sí misma, sino lo que se hace con ella. Por lo general, cuando aparece la culpabilidad, queremos reducirla y la manera de hacerlo es ceder a lo que pide la culpabilidad: compensar, machacarse, restringir más... Es decir, llevar a cabo comportamientos concretos para reducirla.

La culpabilidad es como la rabieta de un niño pequeño cuando quiere un capricho. Si le haces caso, aprende que, para conseguir el capricho, tiene que montar una rabieta, y aparecerá con más frecuencia. La idea no es hacer caso a la culpa para acallarla, sino cogerla de la mano e ir tomando la dirección y el camino que tú quieres, pero sin que ella te guíe. La culpa te dirá muchas cosas a las que no hay que hacerle caso: que lo has hecho mal, que vas a engordar, que te podrías haber ahorrado esa comida... Si se sale con la suya, se hará más grande y volverá a aparecer para que le hagas caso. Cuando aparezca la culpa, trata de distraerte y hacer algo incompatible con lo que te pide, solo así se hará cada vez más pequeña y tendrá menos poder sobre tus decisiones.

Exponte poco a poco a los alimentos que temes

Si tuvieses una fobia a los perros, solo se iría acercándote a perros y comprobando que no tienen por qué morderte ni condicionar tu vida. Al principio te podría resultar más fácil acercándote a perros atados, pequeños, y poco a poco te atreverías con perros más grandes, más de cerca... Te lo harías fácil, quizá irías a un parque agradable donde hay perros.

Esta misma lógica la podemos aplicar al miedo a ciertos alimentos o cantidades: hay que exponerse a ellos. Puedes hacerte una lista de los alimentos que temes o de las formas de alimentarte que te resultan conflictivas. Trata de introducirlas en tu dieta y habituarte. Puedes hacerlo más sencillo creando un ambiente bueno: un pícnic, una cita romántica con una pizza en forma de corazón, irte a la cafetería más bonita o acogedora de tu barrio, comer crepes con tus amigas... Póntelo un poco más fácil. Tal vez piensas que no hay necesidad de introducir ciertos alimentos, pero incluso para rechazarlos en un futuro por otros motivos (por ejemplo, que te sienten mal a la barriga) tendrás que perderles el miedo hoy, porque si no estás rechazando desde el miedo y no desde la libertad.

El objetivo de exponerse a alimentos y soltar el control es ganar libertad y que la comida deje de dominar tu vida. Este proceso siempre será mejor que se haga acompañado en una consulta de psicología que conozca el caso y que te pueda ayudar.

Invierte tiempo, esfuerzos, pensamientos y recursos en otras cosas importantes para ti

El problema del control con la alimentación es que la comida y el cuerpo empiezan a ocupar un espacio grande en la cabeza, en la vida, y eso supone gastar mucha energía. Todo ese espacio que se llena de pensamientos sobre la alimentación no se destina a otras cosas que son importantes para nosotras. Una mujer preocupada por lo que engorda la comida tiene menos tiempo para preocuparse por sus derechos, sus amistades, sus aspiraciones, sus proyectos, su descanso o su cuidado. Si las decisiones sobre la vida están guiadas basándose en lo que se come o lo que se deja de comer, se pierden de vista otros criterios que nos llevan a tener una vida satisfactoria según lo que nosotras valoramos.

Una vez le pregunté a una paciente cuántas horas de su día estaba destinando a pensar en comida, y me respondió que desde que se levanta hasta que se acuesta. ¡Qué agotamiento! Sé que es difícil no pensar en algo, a veces es inevitable que se nos venga a la cabeza, pero lo que sí podemos hacer es no enredarnos o engancharnos a ello o no permitir que determine nuestras decisiones.

CUANDO NOS ENREDAMOS

Pienso que esto engorda → miro las calorías → hago cálculos sobre lo que he comido → pienso en cómo compensar la próxima vez → condiciono dónde ir a comer para ingerir lo menos posible → entro en bucles sobre la alimentación y mi cuerpo → me obsesiono.

CUANDO DEJAMOS IR

Pienso que esto engorda → OK, me intento distraer pensando en lo que me gustaría hacer hoy, en el TFG, en ir a esa cita que me apetecía, como con normalidad ¡A PESAR DEL MALESTAR QUE ME HA GENERADO ESE PENSAMIENTO! Solo así se hará más pequeño y menos importante.

Ideas clave del capítulo:

Las dietas son el principal factor de riesgo para desarrollar un TCA.

Las dietas restrictivas no funcionan a largo plazo.

Los comportamientos de control con la alimentación se mantienen porque a corto plazo traen ventajas.

El control de la comida suele ser un intento de control del cuerpo y, por tanto, suele ser también un intento de control del cariño y aceptación del resto.

No hacer caso a los pensamientos de culpa ni a las normas autoimpuestas sobre la alimentación es la manera de mejorar la relación con la alimentación.

Para perder el miedo a los alimentos, hay que exponerse a ellos.

3. ATADA AL MOVIMIENTO: OTRO TIPO DE CONTROL

> *Llegó un momento en el que planeaba mi día para hacer ejercicio. Si se me torcía un plan y no podía ir al gimnasio, estaba irritable con todo el mundo.*

> *Me subía a la máquina y no me bajaba hasta no quemar lo que había comido ese día. Estaba presa a esa lógica: comer y después moverme, moverme para poder comer.*

DE LAS 1.500 CALORÍAS A LOS 10.000 PASOS

Muchas veces nos agarramos a cifras para sentir que cumplimos metas y logros, para reafirmarnos en que lo estamos haciendo bien. Los números nos dan la sensación de control y pistas. Para controlar el cuerpo, hay quien se aferra a un número de calorías en la alimentación y hay quienes siguen a rajatabla reglas numéricas con el ejercicio (tiempos, frecuencias, intensidades). Esto tiene que ver con la sensación de control, pero también de logro y acercamiento a la idea que cada uno tiene de la salud. Sin embargo, no es una verdad absoluta, inmutable y aplicable a todo el mundo en todo momento.

Por ejemplo, en la población general, se ha popularizado la idea de dar 10.000 pasos al día (ni 9.500 ni 10.001, ojo). Qué inteligente es el cuerpo, ¿no? Necesita números redondísimos. ¿Te has preguntado por qué 10.000? Una vez más, toda una industria, en esta ocasión de tecnología, se beneficia de esta creencia. El número apareció por primera vez a mediados de los sesenta en una campaña publicitaria de Japón de un empresa que lanzó un podómetro aprovechando las olimpiadas de Tokio. El aparatito se llamaba Mampo-kei, cuya traducción es «medidor de 10.000 pasos» y el motivo para escoger la cifra fue porque el kanji de la cifra, 万, se parece a un señor que camina. La comunidad científica adoptó esta misma cifra para hacer estudios acerca de los beneficios de caminar esos pasos y hacer recomendaciones al respecto. Es curioso que hayamos asumido que hay una fórmula específica y concreta para mantener una buena actividad física a partir de algo tan arbitrario.

PERO ¡SI EL EJERCICIO ES SALUDABLE! (O NO)

Siempre hemos escuchado que el ejercicio es saludable. Pero no lo es en sí mismo, de cualquier manera, en cualquier condición. La salud es un concepto en el que se encuentra el aspecto social, el psicológico y el físico. Dentro de la salud no está solo hacer ejercicio y evitar llevar una vida sedentaria, también está el bienestar psicológico, los vínculos sociales, la higiene, las revisiones médicas, el ocio, el descanso, la tranquilidad, la alimentación... Hacer ejercicio de forma compulsiva puede afectar a las otras áreas importantes para la salud. El ejercicio físico es deseable por muchas cosas de sobra sabidas y demostradas: fortalece los músculos, nos hace más resistentes, puede ayudar a reducir el estrés, genera endorfinas, nos ayuda a dormir mejor, nos proporciona sentimiento de comunidad, puede ayudar a nuestras articulaciones y flexibilidad, permite que nuestros órganos funcionen mejor... Pero no vale hacerlo de cualquier manera. Una vez más, tendremos que preguntarnos para qué sirve nuestro ejercicio.

Del mismo modo, el ejercicio físico no puede ser malo en sí mismo, dependerá del tipo de actividad física, con qué reglas y aprendizajes se lleve a cabo, con qué motivos y en qué dirección. Si tenemos la pierna escayolada, ¿es saludable salir a correr? Si estamos enfermos y sin energías, ¿es saludable hacer un maratón? Si practicamos el deporte hasta lesionarnos, ¿ha sido saludable? El ejercicio físico es saludable siempre y cuando no nos acarree malestar intenso y frecuente, cuando no nos interfiera en otras áreas importantes y siempre y cuando lo hagamos para **encontrar salud en todas sus dimensiones y no solo en la física. El ejercicio físico es indeseable cuando se convierte en una fuente de malestar y cuando afecta de manera negativa a nuestra forma de interactuar con el mundo y con nosotras mismas.**

Contextos deportivos que fomentan la insatisfacción

Ciertas disciplinas deportivas fomentan reglas estrictas alrededor del peso, la forma de la figura, la imagen y otras reglas de comportamiento.

> Esto puede generar ambientes de riesgo para desarrollar problemas de insatisfacción corporal y de alimentación. Además, contextos femeninos en su mayoría, como el ballet y otros bailes, el vóley playa, la gimnasia rítmica o la natación sincronizada, han podido promover valores que sumen gotas para derramar el vaso, como el perfeccionismo, la competitividad, el sacrificio, la rigidez y el control.

¿Con cuál de estas afirmaciones te sientes identificada? Márcalas.

✦ Uso el ejercicio para permitirme comer.

✦ Tengo la necesidad de hacer ejercicio después de comer.

✦ Renuncio a todo lo que es importante para mí con tal de hacer ejercicio.

✦ Pensar en cuándo haré ejercicio afecta a las cosas que tengo que hacer en mi día a día y a mi nivel de concentración en otras actividades que son importantes para mí.

✦ Me ejercito hasta lesionarme y aun así lo sigo haciendo.

✦ Practico ejercicio para castigarme.

✦ Hago ejercicio aunque me lo hayan desaconsejado profesionales de la salud.

✦ Tengo un plan estricto de ejercicio que si no llevo a cabo me hace sentir muy mal.

✦ El ejercicio o la falta de este me hace obsesionarme con mi imagen física.

✦ No puedo parar de hacer ejercicio, incluso cuando me encuentro mal.

✦ El ejercicio es la única vía que tengo de manejar mis emociones.

✦ Cuando no hago ejercicio, siento tanta culpa que dejo de lado otras actividades.

✦ Si no he podido seguir mi plan de ejercicio, me pongo de muy mal humor y lo pago con los demás.

✦ Cuando no es para adelgazar, no me merece la pena moverme o hacer deporte.

✦ Si considero que he comido mal, renuncio a hacer ejercicio porque siento que ya lo he fastidiado todo.

✦ Necesito moverme para quemar lo que he comido.

✦ Hago largas caminatas incluso cuando hace mal clima, me resulta desagradable, estoy cansada o no tengo tiempo.

Si te sientes identificada con varias de estas afirmaciones, es posible que no tengas una buena relación con el deporte.

QUÉ EJERCICIO HACES Y PARA QUÉ

Cuando nos sentimos insatisfechas con nuestro cuerpo, el ejercicio físico, igual que la dieta, se nos presenta como una salvación y una promesa. Hemos aprendido que, si no nos gusta nuestro cuerpo, podemos cambiarlo a nuestro gusto. Esto no es del todo cierto porque nuestro cuerpo y su forma dependen de más factores que no están bajo nuestro control. **Cuando el ejercicio sí nos ayuda a modifi-**

car nuestro cuerpo, no siempre nos compensa el proceso, podría puede traer otros costes por el camino o puede llegar a ser insostenible.

ME SIENTO
MAL CON MI ·····▶ CUERPO

HAGO EJERCICIO
CON EL OBJETIVO
DE MODIFICARLO

A CORTO PLAZO

✦ Siento que cumplo logros.
✦ Alivio mi miedo a engordar.
✦ Anticipo tener un cuerpo
más deseable.

A LARGO PLAZO

✦ Me obsesiono con mi cuerpo.
✦ No aprendo a convivir con mi
cuerpo.
✦ Le quito tiempo a otras
actividades.

ME SIENTO
MAL CON LO ·····▶ QUE HE COMIDO

HAGO EJERCICIO
PARA «MANTENER
LA FIGURA»

A CORTO PLAZO

✦ Alivio la culpa.
✦ Alivio mi miedo a engordar.

A LARGO PLAZO

✦ La culpa me domina, toma
decisiones por mí.
✦ Aumenta el miedo a engordar.
✦ No disfruto del ejercicio
porque lo hago para escapar
de algo desagradable.

Hacer ejercicio para escapar de algo que no nos gusta supone que asociemos esa actividad a algo desagradable. Termina siendo una tortura, un castigo. Cuando hacemos ejercicio para cambiar nuestro cuerpo, es menos probable que estemos a gusto con nosotras mismas y nuestra vida porque solo nos moviliza el malestar.

Si hacemos ejercicio con el único objetivo de buscar un cambio físico, también es menos probable que seamos constantes, pues la recompensa de El Cuerpo Deseado tarda mucho en llegar, si es que llega. Para adelgazar, por ejemplo, la típica actividad física que se nos plantea es ir al gimnasio y hacer cardio y pesas. Quizá no todo el mundo disfruta este ejercicio, lo que también dificulta que se mantenga como hábito. Si no logras mantener un hábito de ejercicio para adelgazar, no es por tu falta de voluntad; a lo mejor es por culpa de dónde lo haces, los motivos por los que lo haces o el tipo de ejercicio que haces.

✦——————————————————

Si el ejercicio que haces no tuviese un impacto en tu aspecto, ¿seguirías haciéndolo?

——————————————————✦

Por la sociedad en la que vivimos, tal vez es inevitable que la búsqueda de un cuerpo que nos guste más esté siempre ahí, que siempre sea reforzante. Por lo tanto, creo que lo más realista es buscar un movimiento que nos sea agradable y que lo hagamos por otros motivos que vayan más allá del cambio estético, aunque pueda haber una vocecilla que siga diciéndonos que, si nuestro cuerpo cambia, mejor que mejor.

Hacer ejercicio tiene un sinfín de beneficios que podemos transformar en posibles motivos para practicarlo más allá de por el cambio físico:

✦ Descansar mejor.

✦ Dormir mejor.

✦ Divertirme.

✦ Fortalecer mi cuerpo para evitar lesiones y enfermedades .

✦ Mejorar mi estado anímico.

✦ Salir a la calle a que me dé el sol y el aire.

✦ Ver paisajes.

✦ Conocer gente.

✦ Conectar con la naturaleza.

✦ Sacar a pasear a mi perro y pasar un rato con él.

✦ Hacer una nueva actividad con alguien a quien quiero.

✦ Encontrar nuevos retos.

✦ Bajar los niveles de estrés y de ansiedad.

✦ Distraerme.

✦ Desarrollar valores como el compañerismo.

✦ Tener más energía durante el día.

¿Cuáles son los tuyos?

Yo llevo muchos años intentando adquirir el hábito de correr. De pequeña, en el colegio participaba en carreras con otros colegios, me parecía muy divertido, y en el patio íbamos a correr a un pinar cercano, y me sentía una campeona, me divertía hacerlo con compañeros. En la adolescencia, el ejercicio se empezó a corromper por la insatisfacción corporal habitual de esas edades. Empecé a ver el ejercicio como una forma de cambiar mi cuerpo. Pasé de correr para pasarlo bien con compañeros y ganar medallas en excursiones a correr para bajar unos kilos, y eso fue insostenible, no me parecía lo suficiente motivador.

Esto no es una historia de superación y de logro, hoy en día no estoy saliendo a correr a menudo. Ahora he encontrado otros ejercicios que me gustan más, como las clases de zumba con las señoras jubiladas. ¿Acaso hay ambiente más seguro que el de una clase llena de señoras jubiladas bailando reguetón? Por otro lado, mi pareja me está contagiando el gusto por hacer rutas de senderismo, así que yo ahora quiero practicar ejercicio para no ahogarme subiendo cuestas para llegar a una cima con unas vistas impresionantes y disfrutarlo con la mejor compañía. Ese es mi nuevo premio, y no un abdomen más plano. Con amigos me encanta ir a festivales o salir de fiesta y bailar. Ahora estoy ilusionada con probar clases de salsa. Todo esto también es ejercicio y, sobre todo, es un movimiento que me da libertad, que disfruto y que no me ata ni me frustra.

De todos modos, el ejercicio no es obligatorio. Tal vez no llegues a desarrollar un hábito de practicarlo y eso no quiere decir que no estés cuidando tu salud desde otras áreas. Si queremos profundizar más en esto, sería interesante preguntarnos si la salud es un valor universal para todo el mundo, si es algo importante y prioritario para todos en cualquier momento, o si en nuestra vida hay otros intereses que también importan, que nos guían y consumen nuestra energía, que no es infinita. Quizá más allá de la salud hay otras cosas importantes por las que también actuamos, y eso está fenomenal, somos igual de dignas y válidas.

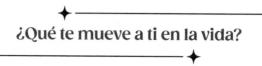

¿Qué te mueve a ti en la vida?

CUANDO EL AUTOCUIDADO ES REPOSAR

Hablamos de que autocuidado puede ser hacer ejercicio, pero autocuidado también es no moverse cuando el cuerpo se ha convertido en un instrumento saturado de actividad física y de esfuerzo con tal de que cambie. En consulta he tenido pacientes que tenían una relación problemática con el deporte por la forma en la que lo hacían, por la frecuencia con la que lo practicaban o por los pensamientos desagradables, repetitivos y rígidos que tenían en torno al ejercicio.

He tenido la oportunidad maravillosa de hacer un taller grupal con un conjunto de pacientes con las que hablamos de insatisfacción corporal y todo lo que la rodea. Una de ellas respondió: «Para mí autocuidado es no moverme, estar en reposo». Se trataba de una chica que hacía ejercicio para permitirse comer, para quemar calorías, para no subir ni un gramo de peso y, además, sus analíticas reflejaban problemas físicos y le había dejado de venir la menstruación. Desde luego, está claro que en estos casos cuidarse es reposar.

> *Todos los días, antes de salir, tenía que saltar a la comba durante treinta minutos. Si no, sentía que no tenía permiso para comer.*

✦ ¿Qué es el autocuidado para ti? ✦

En problemas típicos de restricción alimentaria, el ejercicio físico se mantiene porque alivia el miedo a engordar y porque es una forma de acercarse a un físico sobrevalorado. Hacer ejercicio, a corto plazo, puede traer sensación de control, alivio del malestar asociado al cuerpo, evitar engordar, satisfacción por el cumplimiento de reglas, entre otros reforzadores. Pero, a medio y largo plazo, supone mantener la insatisfacción corporal y la obsesión con el ejercicio, la alimentación y el cuerpo, todos ellos elementos que mantienen los problemas relacionados con la insatisfacción corporal. En ocasiones, el ejercicio físico excesivo tiene como consecuencia una bajada de peso que pone en riesgo a la persona y su organismo, que empieza a prescindir de otras funciones como la menstruación o el cuidado del cabello o de la piel. En esos casos de ejercicio problemático, el verdadero autocuidado es estar en reposo.

> *El gimnasio es el único lugar en el que yo me siento válida, donde me siento parte de algo, donde siento que hago las cosas bien.*

Cuando el ejercicio físico empieza a ser parte de un problema psicológico, se pueden llegar a abandonar otras áreas importantes para la persona. Esto sucede porque ya solo encuentra la satisfacción, la sensación de logro, de ser válida y de hacer algo bien en el ejercicio. En este caso, se intenta resolver un problema vital o existencial a través de un comportamiento que termina generando más problemas.

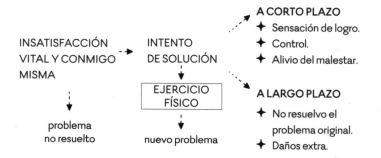

El ejercicio que hacemos para cambiar nuestro cuerpo quita espacio y tiempo a otras áreas que también son importantes para nosotras y en las que podemos cultivar la autoestima y el bienestar con nosotras mismas. Al fin y al cabo, esas dos cosas son justamente el objetivo final al que aspiramos cuando queremos ser más delgadas, más tonificadas, más normativas: el deseo de ser más aceptadas, más felices.

✦ ——————————————————————

**¿Cuánto tiempo dedicas
a hacer ejercicio?
¿Qué harías en ese tiempo si no
estuvieses haciendo ejercicio?**

—————————————————————— ✦

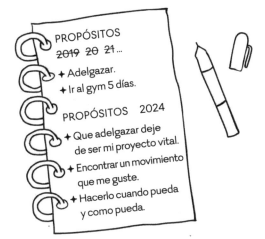

PAUTAS PARA TENER UNA MEJOR RELACIÓN CON EL DEPORTE

Busca un movimiento que te guste

Para no asociar el ejercicio a bajar de peso, busca un tipo de movimiento que te sea más agradable y que siempre te haya llamado la atención. Si no lo hay, puedes ir probando y ver aquello con lo que más disfrutas.

Te dejo aquí algunas ideas:

+ Zumba.
+ Pádel o tenis.

✦ Montar en bicicleta.
✦ Pilates.
✦ Yoga.
✦ Escalada.
✦ Senderismo.
✦ Pasear.
✦ Baile (cualquier tipo).
✦ Boxeo.
✦ Crossfit.
✦ Nadar.
✦ Piragüismo.
✦ Patinar.
✦ Esquiar.
✦ Snowboard.
✦ Bádminton.
✦ Kárate.
✦ Pole dance.

Busca otros motivos más allá del cambio físico

Trata de buscar motivos por los que moverte y hacer ejercicio más allá del cambio estético. Si la única motivación es un cambio físico, te frustrarás y no podrás ser constante ni disfrutar por el camino.

Hacer ejercicio porque rechazas tu cuerpo supone hacerlo para eliminar algo desagradable, no por buscar algo agradable, que debería ser nuestro objetivo. Incluso aunque visualices el cuerpo de ensueño que quieres lograr, te toca convivir con el que tienes ahora y que estás tratando de cambiar.

¿Para qué haces ejercicio? (¡Respóndete de manera honesta!)

_____

_____

_____

_____

_____

Hazlo de forma realista y progresiva

Para empezar, plantéate un deporte que te guste y que puedas mantener de forma realista. A mí también me encantaría hacer surf, pero vivo en Madrid.

Si no sueles hacer deporte nunca, empezar por veinte minutos una vez a la semana es más realista que plantearse hacerlo tres días a la semana durante una hora. Comenzar poco a poco y plantearse algo que cuadre de verdad con tu rutina te ayudará a no frustrarte y a no asociar el deporte a una tarea más inalcanzable.

No sigas reglas perfeccionistas

Puede ser que se te venga a la cabeza que «para hacer diez minutos no hago nada» y otras frases que tienen que ver con reglas perfeccionistas. Es posible desobedecer estas reglas y acercarnos a un comportamiento más flexible. No tenemos por qué actuar según lo que hemos pensado siempre, quizá esas ideas solo cambiarán cuando hagamos algo distinto. Puedes pensar que diez minutos no es nada y, aun así, no darle valor ni credibilidad al pensamiento y hacer lo contrario a lo que te dice.

¿Cuál es tu objetivo para hacer ejercicio? Si tu objetivo es hacer ejercicio para despejarte, ¡claro que diez minutos te servirán! Desde luego, te ayudará más que cero minutos. A lo mejor lo que hay detrás de esos «no es suficiente» son unos motivos poco realistas, como «quitarme de encima toda esta grasa abdominal», lo cual no te motiva.

Crea nuevas normas

También puedes crear otras instrucciones más útiles, unas que vengan de ti, de lo que para ti es importante y que te sirvan. Por ejemplo, si te gustaría poder escalar en la montaña y piensas que escalar en un rocódromo pequeño «es una mierda porque no es lo ideal», podemos darle la vuelta: «Hacer escalada en un rocódromo chiquitito me ayudará a escalar montañas en la naturaleza».

Hazlo con una compañía agradable

Otra forma de convertir el deporte en algo atractivo es hacerlo con una buena compañía, así también será una forma más de socializar. Puedes realizarlo con amigos, parejas o compañeros de la clase del gimnasio a quien aún no conozcas. Yo escogí la clase de las señoras jubiladas y me siento genial bailando con ellas.

Que el ejercicio no vaya detrás de la culpa, sino de tus otros motivos

Una pauta para tener mejor relación con el ejercicio es que la culpa o el malestar no sean el catalizador. Si no, queda reforzada esta unión: el deporte quedará asociado a una forma de compensar lo que se ha comido o a cambiar un cuerpo que no gusta.

✦ Me siento culpable por lo que he comido → Hago ejercicio.
✦ Me siento mal con mi físico → Hago ejercicio.

En los momentos en los que te sientas mal por lo que has comido o por tu físico, trata de hacer una actividad distinta que te distraiga. Sobre todo, continúa con tu vida intentando que estas sensaciones desagradables no interfieran en lo que tenías planificado. Eso no quiere decir que no estén ahí presentes, sino que no guíen todas tus decisiones.

Para que el ejercicio se asocie a otros momentos y motivos, la actividad física deberá dispararse por otras causas, situaciones o pensamientos:

✦ Estoy estresada con el estudio → Hago ejercicio para despejarme y rebajar el estrés.
✦ Veo que hace muy buen día → Hago ejercicio para aprovechar las horas de sol y la naturaleza.

Dedica tiempo a otras cosas que te gustan

El tiempo que tenemos es limitado y hacer ejercicio no es obligatorio. En una sociedad en la que el trabajo se come gran parte de nuestro tiempo, no podemos invertir el que nos queda solo en otros «debería» o en la productividad aplicada al ejercicio. Diversificar actividades de las que disfrutamos y acercarnos a lo que nos mueve, más allá de la salud física, también es importante.

Mientras haces ejercicio, no te centres solo en el cuerpo

Para que el ejercicio sea beneficioso, también es importante saber a qué prestas atención mientras lo haces. Por ejemplo, no es lo mismo estar disfrutando de la música, atendiendo a la respiración, observando el paisaje, viendo la técnica o pensando en el número de series que observando la chicha que supuestamente te sobra y pensando en quemar grasa o centrándote en cómo bota tu cuerpo. No es lo mismo estar en una clase de baile pensando en lo divertido que es, mirando a tu amiga y riéndote, observando lo bien que te lo pasas y cómo mejoras los pasos que centrarte en lo desagradable que resulta la forma de tu cuerpo y visualizarte con otro. Si vas a nadar, quizá puedes fijarte en cómo entra tu mano en el agua, en no dejar de mover los pies y en mantener una respiración constante, en lugar de pensar en lo que acabas de comer.

Para cambiar el foco de atención, puedes intentar introducir otros comportamientos incompatibles con hipervigilar tu cuerpo. La idea no es dejar de mirarte el cuerpo, sino intentar pensar en más cosas o atender a otros factores.

Ideas clave del capítulo: ✦

El ejercicio no es saludable en cualquier circunstancia.

Es importante encontrar motivos para hacer ejercicio más allá del cambio físico.

Si quieres moverte, es esencial que descubras una forma de hacerlo que te guste.

Lo problemático o beneficioso del ejercicio físico está en el motivo que te lleva a hacerlo.

La actitud del «todo o nada» y el perfeccionismo no te acercarán a tener una buena relación con el deporte: mejor diez minutos que ninguno.

Si el único motivo para hacer ejercicio es el cambio físico, es posible que practicarlo sea más insostenible y desagradable.

4. DEL CONTROL AL DESCONTROL, PASANDO POR LA EMOCIÓN

> *La comida llena un vacío que siento en mi vida.*

> *No podía parar de pensar en lo siguiente que iba a comer, vivía por y para el momento del chocolate, las patatas, el pan, el queso, los dulces... Todo lo que me había prohibido.*

> *Durante el atracón, me sentía como un animal con instintos primarios, después me inundaba la vergüenza.*

¡PUES CLARO QUE COMEMOS DE FORMA EMOCIONAL!

Lo que comemos y lo que sentimos ha ido de la mano desde el día que nacimos: cuando llorábamos de bebés, nos daban leche materna para calmarnos. Siendo más mayores, nos consolaban diciendo: «Toma una piruleta y no llores». Hemos disfrutado de los cumpleaños rodeados de chuches, ganchitos y mediasnoches. Hemos visto escenas de películas en las que una chica con el corazón roto llora desconsolada en el sofá mientras come helado. Cenamos con amigos. Celebramos bodas y eventos festivos en torno a la comida. Quedamos para «tomar algo».

Regalamos bombones en San Valentín para mostrar nuestro amor. Vivimos las Navidades con turrones y platos elaborados. Suspiramos y sonreímos al oler el puré de la abuela...

¿Qué recuerdos agradables tienes en los que había comida?

La publicidad y las emociones asociadas a la comida

La industria alimentaria vincula la comida con sensaciones placenteras: crea marcas de alimentos que sean gratos al paladar, menús infantiles que asocian la felicidad con la comida, cereales para peques con personajes de sus series favoritas, nos muestra famosos a los que admiramos comiendo o tomando bebidas que asociamos con ellos y sus cualidades, nos vende dulces que pretenden ser un respiro, bebidas cuyo lema también es la felicidad, hace anuncios sensuales en los que hay chocolate o donde escuchamos el placentero crac de una chocolatina... Es decir, nos llegan mensajes explícitos e implícitos que emparejan sensaciones agradables con alimentos concretos.

Como mamamos todas estas experiencias desde tan temprana edad, la comida queda íntimamente emparejada con emociones y con el vínculo social. Aprendemos, además de por asociaciones, por consecuencias: cuando como ante determinadas circunstancias, puedo conseguir emociones placenteras o aliviar emociones desagradables. Por ejemplo, podemos comer un helado y obtener placer (obtención de sensación agradable) o distraernos de las preocupaciones (alivio de emociones desagradables). Las consecuencias de comer helado, por lo tanto, son toda una ventaja (un reforzador) que hará que, la próxima vez que busquemos sentir algo bueno o dejar de sentir algo malo, acudamos al helado. ¿Cómo no vamos a comer, entonces, de forma emocional?

El concepto de «**comer emocional**», en referencia a aquella ingesta que deriva de emociones desagradables, se ha usado como estrategia de marketing para vender libros, cursos y servicios y para ganar estatus profesional. Se le ha dado tanta bola a tener cuidado con esto que parece que comer de forma emocional es algo que debemos erradicar. ¿Por qué es tan terrible comer de forma emocional? ¿Porque son calorías extra? ¿Porque podemos engordar? ¿Es eso lo que tememos? Vaya, qué novedad. **No solo podemos comer por hambre, sino por otras circunstancias como querer disfrutar, socializar o buscar alivio.**

También se ha hablado de «**hambre emocional**» cuando creemos que tenemos hambre real, pero es otra cosa, así que ¡cuidado, busca bien las señales de cada tipo de hambre! ¡Hay que estar muy alerta, no vaya a ser que comas por otra cosa! La sociedad en la que vivimos ha entorpecido que aprendamos a identificar y aceptar nuestras señales de hambre real y hacerles caso. Además, ha añadido una culpa por comer cuando no hay un hambre fisiológica, sino un deseo de comer y ya.

Guiar nuestra ingesta únicamente por señales de hambre y saciedad es artificial, poco realista, y a veces obsesionarse con ello puede ser contraproducente en problemas de control y obsesión con la comida, pues puede ser otra forma de hipervigilancia y otro mecanismo para restringir, bajo la regla de «solo comer si tengo hambre» o «no comer más si ya estoy saciada».

Todos comemos en alguna circunstancia de forma emocional y por otras cosas que no son hambre fisiológica. ¡Y menos mal! ¡Qué aburrido sino! Asimismo, hablamos de comer emocional para referirnos al alivio de emociones desagradables, pero también lo es la generación de emociones placenteras. **El problema no es el comer emocional, sino que comer sea la única herramienta que tengamos para transitar y manejar emociones.**

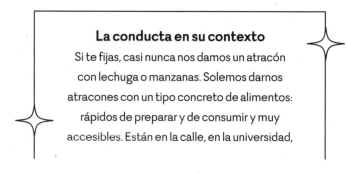

La conducta en su contexto

Si te fijas, casi nunca nos damos un atracón con lechuga o manzanas. Solemos darnos atracones con un tipo concreto de alimentos: rápidos de preparar y de consumir y muy accesibles. Están en la calle, en la universidad,

> en el supermercado... Incluso en los hospitales, las máquinas expendedoras de comida están llenas de bolsitas que no aportan mucho a nivel nutricional, pero que están ricas, son baratas y fáciles de consumir. Se nos somete a estímulos que invitan a comer un tipo de comida que incita a querer más y más, a no terminar del todo saciado.

Es importante tener esto en cuenta para liberar la culpa y mirar la conducta en su contexto. Nada nace de dentro, ni de la fuerza de voluntad ni de la supuesta debilidad, **tenemos toda una historia personal y un contexto social y cultural que determina nuestras elecciones en momentos concretos.**

COMER EMOCIONAL DESCONTROLADO E INTENSO: CUANDO ESTAMOS ANTE UN ATRACÓN

Podemos considerar que empieza a haber un problema psicológico con la comida cuando recurrimos a ella para saciar o calmar emociones y lo hacemos con frecuencia, de manera descontrolada e intensa; es una forma de escapar y no contactar con ciertas emociones ante cualquier circunstancia. En esas ocasiones, comer de este modo afecta al día a día de la persona.

Para poder hablar de un episodio de atracón, la ingesta debe ser:

1. **Excesiva:** la cantidad sería superior a lo que comería alguien de tu misma cultura en circunstancias similares. Aunque, en realidad, lo que se considera excesivo es subjetivo.
2. **Descontrolada:** se come con la sensación de que no se puede parar, de que se va muy rápido, de no tener ningún control sobre el impulso, incluso se tiene la sensación de estar fuera de uno mismo, disociado.
3. **Breve:** estos episodios ocurren durante un corto periodo de tiempo, menos de dos horas aproximadamente, y con cierta rapidez.
4. **Malestar posterior:** suele conllevar una sensación de malestar físico (náuseas, sentirse muy lleno, problemas digestivos, mareos) y emocional (culpabilidad, vergüenza, tristeza...).

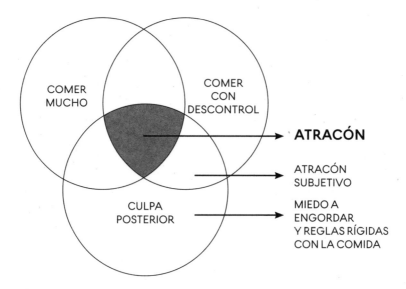

✦ ————————————————————

Esa ingesta que te hace sentir mal ¿es un atracón o en realidad es otra cosa?

———————————————— ✦

No todos los episodios de descontrol con la comida son atracones. No es un atracón saltarse una pauta nutricional o una norma con la comida. Tampoco lo es comer un alimento prohibido, ni más de lo que te gustaría ni de forma excesiva en un evento donde se incita a comer más de lo normal. No poder parar de comer pipas viendo un partido de fútbol no es un atracón. Tampoco todas las veces que comemos muchísimo es un atracón, sino, ¡cuánta gente se estaría dando atracones en banquetes! Sentirse mal, culpable y avergonzado después de comer no es necesariamente un indicativo de haber tenido un atracón. Por lo general, **la culpa y el malestar después de comer pueden venir de un miedo intenso a engordar o de tener reglas rígidas con respecto a la alimentación.**

Hay pacientes que me hablan de que han tenido un atracón y, cuando les pregunto qué han comido, quizá me dicen que una bolsita de patatas, un par de bombones o un puñado de frutos secos. Aunque se viva como atracón, no lo es porque no son ingestas excesivas. Se trataría de un **atracón subjetivo.** Los atracones subjetivos son aquellos que no son atracones como tal porque las cantidades no son excesivas; sin embargo, la persona sí los vive como si lo fueran y hay una sensación de descontrol. Los atracones subjetivos suelen ser más habituales en gente con patrones de restricción y control de los alimentos. Por eso hay personas con problemas de control respecto a la alimentación que sienten

103

que se descontrolan con una fruta, pues en su plan no entra la más mínima desviación de lo que pensaban comer.

Del trastorno por atracón a la bulimia nerviosa

Cuando hay atracones frecuentes sin compensaciones, se suele hablar de **trastorno por atracón**. Cuando hay un patrón de atracones frecuentes e intensos además de compensaciones, insatisfacción corporal e interferencia en el día a día y ámbitos importantes para la persona, se trata de **bulimia nerviosa**. Si sufres por temas relacionados con atracones, lo importante no es el diagnóstico o los patrones en los que encajes, sino que puedas explicar en tu caso particular de dónde viene el problema y cómo se mantiene.

No todos los atracones son problemas psicológicos. **Los atracones se convierten en un problema psicológico cuando se dan con mucha frecuencia, intensidad y afectan a áreas importantes para la persona.**

Pedro, 40 años. «Es como si la comida fuese mi adicción. No me puedo resistir a la tentación a pesar de que me he dejado mucho dinero, de que sé lo que va a pasar luego y de lo mal que me voy a sentir. Siento como si fuese un heroinómano que necesita su heroína, pero con la comida».

Quizá alguna vez tú también has sentido que tenías algo similar a una adicción, pues comparten muchos elementos en común:

+ La ansiedad antes de conseguir la comida.
+ El alivio y euforia cuando se consigue.
+ La sensación de no poder parar.
+ La falta de control del impulso o ingerir una sustancia.
+ La repetición de la conducta.
+ Buscar comida para aliviar un estado emocional desagradable.

Sin embargo, yo soy partidaria de no equipararlos, porque **los problemas de descontrol con la comida tienen elementos y particularidades distintos:**

+ Comer es necesario y consumir droga no.
+ Los atracones se ven reforzados por prohibirse comida y tener reglas estrictas con la alimentación.
+ La comida está más disponible y accesible que la droga.
+ Los atracones añaden malestar por un miedo a engordar.
+ Los atracones se pueden mantener debido a un bucle de atracón y restricción.
+ Los atracones se pueden deber a los procesos de hambre, compensaciones o prohibición de alimentos.

Lo que de verdad ocurre no es que los atracones y las adicciones formen parte del mismo problema, sino que **los mecanismos que subyacen** a los comportamientos comunes son los mismos. Los mecanismos de aprendizaje tienen que ver con lo que pasa antes de la conducta (por ejemplo, las emociones disparadoras) y lo que pasa justo después, es decir, los reforzadores que mantienen el comportamiento. Consumir drogas, igual que comer cierto tipo de alimentos, sirve para obtener sensaciones agradables y para aliviar estados emocionales desagradables, y, como es algo que funciona a corto plazo, puede volverse muy repetitivo y descontrolado.

Los problemas de adicciones se toman muy en serio y las instituciones han hecho un trabajo de concienciación en la población para que se entienda que la adicción no es algo que se pueda solucionar con fuerza de voluntad y que la persona afectada merece ayuda psicológica. Tal vez se han tratado de equiparar los problemas de atracones con las adicciones para que también se tomen en serio, se consideren problemas psicológicos, se exima culpabilidad a la persona y se le ofrezca ayuda. No es necesario equiparar los atracones a las adicciones para entender que no es una cuestión de elección libre, sino que vienen determinados por las historias de aprendizajes y el contexto de la persona.

¿PARA QUÉ TE SIRVE TU ATRACÓN?

Todos los comportamientos están relacionados con lo que sucede antes y después de que hagamos algo. Lo que pasa antes desencadena nuestro comportamiento, lo que pasa después son las ventajas que obtenemos de nuestro comportamiento. Por ejemplo, un niño puede señalar un escaparate de juguetes para que le compren uno. El escaparate dispararía el comportamiento de señalar. Que sus padres miren el escaparate y le compren el juguete son las consecuencias ventajosas de la acción del niño y la reforzarían. Así, el niño aprende que, en un futuro, si señala lo que quiere, será más probable que se lo den.

Este funcionamiento es el mismo que opera en comportamientos más complejos, como los atracones, que aparecen ante situaciones concretas y tienen consecuencias beneficiosas. Es decir, los atracones aparecen por algo y para algo: obtener placer o aliviar un malestar.

Tener esta visión funcional del comportamiento nos ayuda a comprender de qué depende y, por lo tanto, a modificarlo hacia donde deseemos.

Los beneficios que obtenemos de los atracones aparecen a corto plazo, incluso justo inmediatamente en el momento del atracón. Sin embargo, luego aparecen unas consecuencias a medio y a largo plazo que son las dañinas. Estas son las que hacen que, por lo general, los atracones se conviertan en un problema.

¿Qué desencadena mi atracón?			
Estados emocionales	Estados fisiológicos	Pensamientos	Situaciones
Estoy aburrida. Me siento triste. Siento ansiedad. Me siento vacía.	Estoy cansada. Tengo hambre. He bebido alcohol.	Quiero huir. No valgo para nada. Me merezco un premio. Seguro que así me siento mejor. No debí comer eso. Ya lo he fastidiado.	He discutido con alguien. Tengo mucha demanda de estudios o de trabajo. La persona que me gusta no me hace caso. Me veo mal en el espejo.

¿Qué consecuencias tiene mi atracón?	
A corto plazo (reforzadores)	A medio y largo plazo (daños)
Alivio de la tristeza.	Aumenta la ansiedad.
Disminuye la ansiedad.	Culpabilidad.
Disfruto de los alimentos.	Compenso y se mantiene el bucle.
Me distraigo.	
Me entretengo.	Pienso que voy a engordar.
Evito realizar tareas.	Me duele la barriga.
Procrastino.	Tengo problemas digestivos.
Siento algo.	Siento vergüenza.
Me castigo.	Lloro.
Ya no tengo hambre.	

¡Hay tantas consecuencias como momentos, situaciones y personas! Puedes hacer tu propio autorregistro para conocer tus atracones y de qué dependen.

Desencadenante	Atracón	Consecuencia inmediata
¿Cuándo es? ¿Día? ¿Momento? ¿Qué sientes? ¿Qué piensas? ¿Qué ha pasado? ¿Con quién estás?	¿Qué alimentos son? ¿En qué cantidad? ¿Dónde estás? ¿Qué estás haciendo mientras tanto?	¿Cómo te sientes mientras lo haces? ¿Qué has conseguido? ¿Cómo te sientes después? ¿Qué haces después?

Identificar los motivos de tus atracones te permite entender por qué sigues haciéndolo y puede servir para encontrar lo mismo que te dan los atracones en otras acciones. Es decir, si los atracones te dan placer o alivio, ¿de qué otras maneras puedes obtener lo que obtienes con el atracón?

Haz una lista de actividades alternativas que te proporcionen la misma ventaja que te pueda dar el atracón.

Fabio, 37 años. «Alguna vez me he vuelto a dar un atracón, pero cada vez son más espaciados en el tiempo. Ya no es como antes, cuando me iba al supermercado y me compraba de todo. Ahora aparece alguno cuando estoy muy ansioso, intento pensar que es normal porque lo he hecho así toda la vida. He aprendido a identificar qué necesito en cada momento y a soportar la ansiedad y hacer otras cosas con ella. Retomé el baloncesto y es una nueva actividad que me llena como lo hacía la comida. Vuelvo a tener una vida que merece la pena».

Pero ¡cuidado! A veces el problema no está en la forma en la que haces algo, sino lo que buscas con ese algo. Es decir, **el problema no siempre es que te des un atracón para escapar de la ansiedad, sino que no toleres esa ansiedad y necesites escapar de ella.** Por ejemplo, quizá tus atracones te sirven para aplazar estudiar para un examen, porque te abruma, te da mucha ansiedad o no sabes ni por dónde empezar. ¿El problema entonces son los atracones? ¿Buscamos otra forma de procrastinar? ¿O a lo mejor más bien el problema es la procrastinación? Tal vez la clave no será buscar otra forma de procrastinar, que es lo que haces con el atracón, sino aprender estrategias de estudio y exponerse a la ansiedad sin que te impida hacer lo que quieres hacer.

Lo que observo en los problemas de atracones suele ser:

✦ Problemas de control y restricción, que inevitablemente derivan en atracones.
✦ Una tendencia a escapar y evitar situaciones difíciles y emociones desagradables, que deriva en atracones.
✦ Ambas cosas.

Vamos a verlo en profundidad.

LAS EMOCIONES DESAGRADABLES TE QUIEREN CONTAR ALGO

Los atracones se pueden dar para aliviar emociones desagradables o para buscar sensaciones placenteras. Huir cuando sentimos algo desagradable para dejar de sentirlo es un comportamiento que nos ha servido para adaptarnos y sobrevivir. Imagínate de cuántos peligros nos hemos salvado gracias a evitar las situaciones que nos generan miedo o gracias a huir de aquellos lugares que dan ansiedad.

El problema de las conductas de escape y evitación aparece cuando se dan en cualquier circunstancia y son la respuesta principal ante cualquier cosa desagradable. Este comportamiento no nos permite tolerar el dolor y las emociones desagradables, pues lo que tenemos que hacer es aprender a convivir con ellas porque estarán presentes durante toda la vida.

Tenemos cinco emociones principales: alegría, asco, miedo, ira y tristeza. Si nos fijamos, solo una de ellas es agradable y el resto son desagradables (¡ojo, que no negativas!). Esto se debe a que las emociones desagradables nos han servido a nivel evolutivo para adaptarnos a distintas circunstancias y sobrevivir.

✦ El **asco** nos sirvió como especie para alejarnos de aquellos alimentos que estaban en mal estado y ahora, como personas individuales, nos vale para alejarnos de aquellas cosas que no nos gustan.

✦ El **miedo** nos fue útil (y sigue siéndolo) como especie para protegernos, luchar, detenernos o atacar ante un peligro. La ansiedad es otra respuesta compleja que se siente como el miedo, pero es más anticipatoria y nos prepara también para enfrentarnos a posibles peligros o retos, pues nos activa para poner en marcha nuestros recursos.

✦ La **ira** nos ayuda a identificar nuestros límites y a marcarlos o a movilizarnos ante injusticias.

✦ La **tristeza** nos obliga a conectarnos con lo que nos importa y para procesar pérdidas y expresar pesadumbre. Además, moviliza nuestro entorno para que nos ayude.

Aparte de las principales, hay otras emociones más complejas, como la culpabilidad, la vergüenza, la frustración, la envidia o los celos, que aparecen por y para algo adaptativo.

Las emociones, en ocasiones, nos pueden traer un mensaje: «Para un poco», «Esto es importante, por eso te hace sentir mal», «Alerta», «Cuidado», «Eh, estos son tus límites», «Oye, no vuelvas a hacer eso, no te viene bien», «Quizá deseas algo, ¿queremos ir a por ello?», «La última vez que pasó aquello te sentirse fatal, así que vengo a avisarte», «Esto va en contra de tus valores», «Ey, esto me suena a algo que ocurrió en el pasado, ándate con ojo», o cualquier otra cosa que pueda ser útil.

Las emociones están ahí por y para algo, y no por escapar de ellas van a dejar de estar. Si las ignoramos, a veces incluso se pueden hacer más intensas, se convierten en intolerables o vuelven con más fuerza. Lo importante será aprender a escucharnos y atender a nuestras necesidades.

Pero ¿qué pasa cuando no hay una emoción de la que escapar, sino tan solo un vacío que llenar? Comer, lo hagamos o no de manera descontrolada, puede servir para llenar un vacío a corto plazo. De hecho, la sensación de llenado gástrico ya supone llenar algo. Los alimentos, sobre todo aquellos con los que suele haber atracones, tienen sabores y texturas agradables; en definitiva, nos estimulan, nos distraen, nos dan placer, nos hacen sentir cosas. **Los atracones pueden servir para sentir algo cuando no se siente nada**, o para cubrir un hueco de tiempo cuando no hay nada que nos motive o nos ilusione cuando existe un vacío vital o existencial que inquieta. Otras veces, los atracones pueden llenar a corto plazo un vacío afectivo en el que la falta de cariño o cuidados se suple con comida. En cualquier caso, darse atracones no deja de ser un comportamiento que funciona como alivio inmediato solo a corto plazo.

✦ ——————————————

¿Qué tal te llevas con el aburrimiento? ¿Huyes de él buscando estimulación?
¿Sientes que tu vida te llena? ¿Echas algo en falta en ella?

—————————————— ✦

Ejercicio práctico:

Anota las cosas que haces durante la semana y al lado puntúa del 0 al 10 la importancia que tienen para ti y el disfrute que te reportan. Después, reflexiona: ¿echas algo en falta? ¿Te gusta hacia dónde se dirige tu vida? ¿Hay algo importante para ti a lo que no le estás dedicando tiempo?

Actividad semanal	Importancia	Disfrute

Si tus atracones te sirven para llenar tu vida de algo que te hace falta, busca en otros lugares lo que encuentras en la comida.

COMO DE MÁS POR QUERER COMER MENOS

Ninguna paciente viene a consulta pidiéndome dejar de controlar la comida. El control da mucha satisfacción y va acorde al objetivo que tiene la persona, que por lo general es adelgazar para sentirse mejor consigo misma, aunque ya sabemos que es una trampa. Más bien lo que me piden es dejar de tener los atracones, la sensación de descontrol, la culpa asociada, la idea constante de comer, los pensamientos obsesivos, el deseo irrefrenable de ciertos alimentos o la falta de concentración. Cuando evaluamos esto, llegamos a la conclusión de que esos malestares vienen del control excesivo con la comida, el cual es inadecuado e insostenible. Si ese el caso..., quizá tenemos que revisar el tema del control.

A veces, estas formas de control generan excesos no deseados. En TCA, es habitual creer que, si se suelta el control con la comida, se pasará a un descontrol absoluto, pues es lo que parecen confirmar las experiencias de descontrol pasadas. Esto mantiene la dicotomía de «Lo controlo todo o se me irá de las manos». No puedo engañar a mis pacientes, a veces ocurre, pero eso es lo que ha provocado el control. Que se nos vaya de las manos, como quien dice, no es por la falta de control, sino por la obsesión con este o por mantenerlo en el tiempo. Cuando hay control, una no está aprendiendo a relacionarse con los alimentos.

Lo que ocurre es que la necesidad de control deriva en el descontrol: ahora que puedo, me voy a liberar. El cuerpo dice: «¡Madre mía, esta tía me ha tenido pasando hambre durante tanto tiempo, me voy a poner fino antes de que me deje otra vez sin comerme esta caja de chocolates... Es que me la pienso zampar toda!».

No habría pérdida de control si no se sostuviese el control con tanta fuerza. Por ejemplo, imagina que tiras hacia ti muy fuerte de una cuerda larga, mientras que algo tira del otro extremo con la misma fuerza. ¿Qué pasa cuando sueltas la cuerda después de haber hecho tanta fuerza? Que sales disparada. Con el control pasa lo mismo. Lo perdemos como consecuencia de haber tirado fuerte de él. Es habitual que los alimentos prohibidos y temidos sean aquellos con los que las personas se descontrolan. Prohibirte alimentos es como pedirte que no pienses en un elefante rosa. Fíjate, ya estás visualizando un elefante rosa, y mira que te he pedido que no lo pienses...

El mismo efecto se da si te prohíbes el chocolate: va a estar mucho más presente, vas a pensar más en esa tableta. Además, los estímulos que señalan su presencia se hacen más llamativos. Si limitas tu alimentación, la nevera va a captar más tu atención. Asimismo, cuando ya estés comiendo ese alimento prohibido, lo harás más deprisa porque sabes que después no te lo vas a permitir o porque te lo vas a querer quitar rápido de en medio.

Te animo a hacer una lista con alimentos que intentas controlar, ya sea prohibiéndotelos o limitándotelos. En la columna de al lado, haz una lista de alimentos con los que te sueles dar atracones.

Alimentos o formas de alimentarme que tengo prohibidos o limitados	Alimentos con los que me doy atracones

Es necesario que aprendamos a convivir con ciertos alimentos, sobre todo si de verdad los disfrutamos y los deseamos. **Tener la posibilidad de comer ciertos alimentos nos permite elegir con libertad.** Para que no haya un descontrol con los alimentos, debe haber un permiso incondicional para tomarlos.

Parte de nuestro contexto nos incita a comer en abundancia para buscar la felicidad y el alivio a través de la comida con un tipo de alimentos concretos poco nutritivos y muy sabrosos. Por otro lado, hay otra fuerza cultural que nos hace estar insatisfechas respecto a nuestros cuerpos y nos anima a cambiarlos.

Hay presiones en dos direcciones opuestas: **mientras que la industria alimentaria fomenta el consumo de ciertos** alimentos muy agradables para el paladar, la industria de la belleza genera complejos: «Cómete todo esto, pero mantente delgada». Encontrar el equilibrio entre estos dos contextos es complicado y encima hay **comportamientos compensatorios** aceptados a nivel social. Por eso tal vez se habla de «quemar las torrijas», «quemar el roscón», «bajar la cena», «cena ligerita», etc. Al final, estos comportamientos compensatorios mantienen una espiral de control-descontrol-control-descontrol...

¿Cómo podemos romper este bucle? **Lo importante para romper el ciclo es no hacerle caso a la culpa y desobedecerla.** La culpa supone pensar que has hecho algo mal y debes compensarlo. En este caso, te dice que es inadmisible que te hayas dado un atracón porque vas a engordar y, por lo tanto, debes solucionarlo yendo a correr, vomitando, ayunando o restringiendo.

Podemos pensar cosas sin llevarlas a cabo. Por ejemplo, tenemos pensamientos tontos sobre frenar de repente, tirarnos en marcha del coche, empujar a alguien en el metro... Los llamamos pensamientos intrusivos y son muy desagradables, pero no terminan ocurriendo ni tenemos por qué hacerles caso. Con la culpa sucede lo mismo. La culpa se presenta como malestar físico y en forma de pensamientos de arrepentimiento. Como es tan desagradable, es tentador querer escapar de ella y acallarla haciéndole caso. La culpa me dice que no debería haber comido eso, así que, para obedecerla, intentaré buscar maneras rápidas de quitarme esa comida o su impacto de encima. Si le hacemos caso a la culpa, tiende a insistir porque cree que su técnica funciona. La culpa es un *pesao* de discoteca.

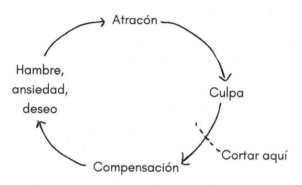

Ana, 27 años. «Empecé a dejar de controlar. Me costó al principio, me daba miedo que todo se volviese un caos, y sí es cierto que desde entonces me di atracones, pero frenaron en cuanto me empecé a permitir comer de todo y dejé atrás las reglas. A día de hoy, me sigo viendo mal algún día, pero es que ya no veo solo eso. Mi cuerpo no condiciona lo que quiero hacer: voy a la playa y disfruto de mis amigas, no estoy pendiente de mi michelín».

PAUTAS GENERALES PARA CAMBIAR TU EXPERIENCIA CON LOS ATRACONES

ANTES DEL ATRACÓN...

Transita las emociones y busca los «para qué» de tus atracones

Cuando sientas una emoción desagradable, trata de apuntar cuál es, cómo la sientes, dónde la notas, qué la ha desencadenado, qué necesitas y qué otras alternativas tienes aparte de escapar.

Como hemos visto, los atracones se mantienen porque a corto plazo sirven para algo. Piensa en para qué te está sirviendo tu atracón, hazte una lista de otras actividades que puedan ofrecerte lo mismo con otro tipo de afrontamiento. Se trata un poco de hacer ensayo y error, prueba cuál te funciona según el momento.

No restrinjas alimentos y come cuando tengas hambre

Ya sabemos que lo prohibido es más deseable y que el hambre aumenta las posibilidades de atracón. Para evitar esto, será importante introducir esos alimentos prohibidos en el día a día, en la vida cotidiana, comer con regularidad (por ejemplo, hacer cinco comidas al día o las que necesites), tomar suficiente cantidad y cubrir tus necesidades nutricionales incluyendo todos los grupos de alimentos.

Haz una comida apetecible, deseada y completa

Si preparas comidas que sean apetecibles, será menos probable que te descontroles con otro tipo de alimentos. En cambio, si no te preparas la comida o si lo que te preparas no te apetece y no es lo que más te gusta, será más probable que arrases con otra cosa. Es importante organizar un mínimo las comidas, pero sin una rigidez de la que sea fácil salirse y, como consecuencia, sentirlo como un fracaso. Las reglas con la comida deben poder adaptarse a cada contexto y a cada necesidad.

DURANTE EL ATRACÓN...

Pierde el miedo al atracón para cambiar la experiencia

El temor absoluto al atracón puede generar un estado de ansiedad que hace más desagradable el momento del mismo. Aunque resulte paradójico, perderle el miedo al atracón, relativizar su gravedad y no tratar de evitar el descontrol a toda costa a través de más control puede mantenerte en un estado de calma que haga menos probable el atracón. Al menos, puede hacer que la experiencia sea menos desagradable. Además, relativizar las consecuencias que pueda traer el atracón ayuda a no añadir más problemas. Haz de esa comida que tanto te apetece una experiencia más agradable.

A veces, el problema no es acudir a la comida para refugiarse o premiarse, sino la forma en la que se acude a ella y toda la experiencia que vivimos alrededor de esta. Podemos intentar cambiarla con los alimentos que sientes que te descontrolan. Date permiso incondicional para comer, come poco a poco, saboreando los alimentos, un poco más despacio a como sueles hacerlo, sentada y no de pie, sin distracciones; dedícale tiempo a lo que te apetece comer, atiende a cómo estás comiendo.

Si nos ponemos más románticas, aunque sé que no siempre es fácil en estados de ansiedad, puedes tratar de ir a una pastelería sola a despejarte y tomarte eso que deseas mientras estás en un lugar bonito, con música de fondo y un ambiente acogedor. Intenta planificarlo de la forma más agradable posible, de modo que el ambiente sea cómodo.

Sobre todo, en cualquier caso, trata de dedicarte solo a esa tarea: a comer. A lo mejor las primeras veces sigues sintiendo ansiedad y descontrol, pero con el tiempo es más probable que lo disfrutes y te relaciones con esos alimentos de otro modo. Entiendo que este tipo de pautas que están relacionadas con qué hacer durante el atracón son algo más complicadas, pero también las podemos practicar y automatizar.

DESPUÉS DEL ATRACÓN...

Compasión y distracción

Para cambiar la experiencia con el atracón, también tenemos que modificar el tercer elemento: el malestar posterior. Para que la culpa y el malestar no te agobien tanto, puedes tratar de hacer algo que te guste o sepas que te ayuda y te viene bien en momentos en los que te sientes mal. No mereces machacarte por haber usado una estrategia que te ha funcionado en tantas ocasiones, sé comprensiva y compasiva contigo misma. Una caída te puede servir para identificar lo que te ha llevado a ella y cómo intentar manejarla la próxima vez. Sigue comiendo con normalidad. Si después de un atracón compensas comiendo menos, purgándote o haciendo ejercicio, mantienes el bucle. Es como si pagases un peaje para la próxima vez.

IDEAS CLAVE DEL CAPÍTULO:

Los atracones son grandes ingestas de comida
de forma descontrolada y con malestar posterior.

Los atracones sirven para algo y dependen
de lo que pasa antes y después de ellos.

Las industrias alimentarias crean alimentos muy
agradables al paladar que incitan al consumo.

Comer de forma emocional
no es malo en sí mismo.

Las emociones desagradables nos ayudan
a adaptarnos al contexto y escapar siempre
de ellas es problemático.

La bulimia nerviosa engloba los atracones
y compensaciones como control y ayuno,
mientras que en el trastorno por atracones
no hay compensaciones.

5. ¿TENGO UN TCA?

Pasé de la anorexia nerviosa a la bulimia nerviosa.

En mi problema de alimentación encontré un espacio seguro que al menos conocía.

Sentía culpa con cada cosa que comía, no podía parar de pensar en comida.

No podía parar de comer, me sentía fuera de mí misma.

¿TENGO UN TCA? ¿ESO ES LO QUE DE VERDAD IMPORTA?

Seguramente hayas oído hablar de los TCA antes de leer este libro. De hecho, es posible que si lo tienes entre manos es porque padeces algún comportamiento problemático con respecto al cuerpo y a la comida, o quizá conoces a alguien que lo tiene. A mi consulta llegan muchas personas que sufren por la alimentación y el cuerpo y no hay dos problemas iguales, cada uno se manifiesta de diferentes maneras:

Alfredo, 30 años. «Llevo desde los diecisiete años refugiándome en la comida. Cada vez que me siento mal, acudo al supermercado, me compro muchas bolsas de patatas y tabletas de chocolate; luego me voy a casa y lo como todo a escondidas, me distraigo de eso que me preocupa y, por un momento, la tristeza desaparece. Luego me duele mucho la barriga, empiezo a ir fatal al baño, me encuentro mal físicamente. Esto me supone ya un problema, no solo por lo mal que me siento después, sino también porque gasto mucho dinero».

Carolina, 20 años. «Empecé con dieciséis años a hacer una dieta. Pesaba unos 55 kilos, quería bajar hasta los 50 porque pensé que así me gustaría más a mí misma. Comencé a hacer la dieta y bajé de peso, entonces todos empezaron a halagarme, me veían más guapa y yo me sentía poderosa teniendo el control sobre la báscula y mis apetitos. Se me fue de las manos porque la cifra 50 ya no me valía. Cuando me quise dar cuenta, bajé a 45, perdí energía, ya casi nada me hacía ilusión. Me aislé de muchos planes sociales porque giraban en torno a la comida. Estaba completamente obsesionada con el físico, me sentía culpable con cada cosa que comía, tenía nuevas normas que me limitaban, ya no era la dieta de antes, ahora me había prohibido muchas más cosas. La comida era mi vida».

Yaiza, 18 años. «Me siento fatal, llego de clase cansada y me pongo a comer. No puedo parar. Empiezo con una cosa, luego con otra, trato de ponerme con tareas y me entra ansiedad. Voy a la nevera y como todas las cosas que yo creo que engordan. No sé por qué hago eso, luego me siento culpable porque me veo fatal en el espejo. Retomo las tareas y no me puedo concentrar, solo puedo pensar en lo que he comido. Entonces intento saltarme la cena. Al día siguiente, intento empezar a hacerlo bien otra vez, pero vuelvo a entrar en un bucle. No sé controlarme. Estoy todo el día pensando en comida y tratando de no perder el control».

Estos tres casos son un TCA porque:

1. Tienen que ver con la alimentación.
2. Crean un sufrimiento intenso y frecuente.
3. Interfieren en el día a día de la persona y afectan a áreas importantes para ella.

Un TCA es un problema relacionado con la alimentación que cumple un conjunto de criterios diagnósticos. Es posible que hasta aquí te hayas preguntado si tú o algún conocido lo tiene, pero esa no es la pregunta clave. Lo importante es ver si existe ese sufrimiento relacionado con el cuerpo y la comida, independientemente del nombre que se le dé. En este capítulo, vamos a profundizar en esta idea.

MÁS ALLÁ DEL DIAGNÓSTICO

Alguna vez he escuchado la comparación de que tener un TCA es como tener diabetes u otro tipo de enfermedad. Yo no estoy de acuerdo con esta afirmación. Hemos intentado hablar de los trastornos psicológicos como enfermedades físicas para darles importancia y reconocerles una gravedad que en realidad ya tienen por sí mismos, sin necesidad de compararlos con algo médico. No hace falta comparar un trastorno psicológico con una enfermedad física para validar el sufrimiento que supone y la importancia que merece. De hecho, este tipo de comparaciones pueden entorpecernos a la hora de entender de qué hablamos y qué factores influyen en un TCA.

Los problemas psicológicos no son exactamente como los diagnósticos de enfermedades físicas. Cuando decimos que alguien tiene un TCA, no estamos descubriendo un tumor ni una rotura de un hueso. Es decir, no es detectar un mal funcionamiento del cuerpo ni dar con algo oculto, solo estamos poniéndole un nombre y describiendo un conjunto de comportamientos, sentimientos y pensamientos que tenemos en torno a la comida. **Lo importante es saber si se está sufriendo respecto al cuerpo y a la alimentación, qué pensamientos, emociones y acciones concretas se relacionan con ese sufrimiento, cuáles son las causas y cuáles son los factores que mantienen este sufrimiento.**

Hablamos de TCA para referirnos a unas etiquetas que tienen unos criterios para el diagnóstico. Tan solo unos científicos se reúnen cada cierto tiempo para ponerle nombre a un conjunto de comportamientos comunes en ciertas personas. Saber que algo se llama «anorexia nerviosa» ayuda a hacer grupos para investigar, que los profesionales de la salud tengan un lenguaje común, que haya unos criterios objetivos para acceder a ciertos tratamientos, etc. **Son trastornos construidos a nivel cultural y social, y van cambiando a lo largo de la historia**: lo que se llamaba «anorexia» en el siglo pasado no es lo mismo que ahora. Antes se dejaba de comer por motivos religiosos y espirituales, ahora se hace sobre todo por insatisfacción corporal. Sin la insatisfacción corporal derivada de las presiones estéticas y la abundancia de comida apetecible, no existirían los TCA tal y como los conocemos hoy.

En definitiva, los trastornos de la conducta alimentaria son trastornos de la cultura alimentaria.

Las etiquetas diagnósticas de los problemas de alimentación

Las etiquetas diagnósticas son nombres que se le ponen al conjunto de problemas y las formas que estos adquieren. Sirven para ayudar a la investigación y a la comunicación entre profesionales. Algunos de los TCA según se recogen en los manuales diagnósticos son:

✦ Anorexia nerviosa: predominan los comportamientos de restricción.

✦ Trastorno por atracón: prevalecen los comportamientos de atracones.

✦ Bulimia nerviosa: sobresalen los comportamientos de compensaciones después de los atracones.

✦ Trastorno evitativo o restrictivo de la ingesta alimentaria: se evitan alimentos sin motivo estético.

✦ Síndrome de pica: prima la ingesta de sustancias no comestibles.

✦ Trastorno por rumiación o regurgitación: predominan comportamientos en los que se devuelve el alimento a la boca después de ingerirlo para volverlo a tragar.

✦ Aparte, existen otros trastornos especificados o sin especificación, cuando no se cumplen todos los criterios.

Al escribir este libro, tengo en mente sobre todo los problemas relacionados con la insatisfacción corporal, el control excesivo y los atracones. El trastorno evitativo de la ingesta, el síndrome de pica y el trastorno de rumiación se encuentran fuera de mi especialización y no están tan relacionados con los factores expuestos en este libro.

Es posible que, leyendo esta lista, incluso yendo a ver los criterios diagnósticos de cada uno, estés pensando: «¿Cuál tendré yo?» o «¿Cuál tuve?». O incluso que te sientas identificada con varias opciones. En realidad, podríamos entender los TCA como un continuo que va desde los comportamientos de restricción hasta los comportamientos de atracones. Es muy habitual pasar de un trastorno a otro: de restringir o controlar la comida a atracones y descontrol, y después a conductas de compensación en forma de ejercicio excesivo, ayunos o purgas. Por lo tanto, es común ir saltando de lo que entendemos por anorexia nerviosa, a trastorno por atracón o bulimia nerviosa. ¿Conclusión? **Lo importante son las conductas concretas que se llevan a cabo y no tanto la etiqueta diagnóstica.**

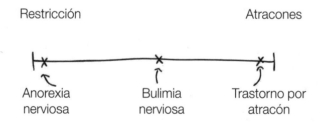

Restricción   Atracones

Anorexia   Bulimia   Trastorno por
nerviosa   nerviosa   atracón

Como hemos visto, los médicos, nutricionistas y psicólogos usamos esta nomenclatura para entendernos entre nosotros y facilitar la investigación. Pero **las etiquetas no explican cómo aparece el problema en cada persona, por qué se mantiene y cómo se soluciona.** De hecho, dan una falsa sensación de explicación y eso no permite entenderlos mejor. Podríamos preguntarnos: «¿Por qué esta chica no come casi nada?», y responder: «Porque tiene anorexia nerviosa», pero si preguntamos: «¿Y por qué tiene anorexia nerviosa?»; responderemos: «Porque no come casi nada, y por otros criterios diagnósticos». Si nos fijamos bien, en realidad no estamos contestando a lo que nos preocupa: **por qué la persona ha dejado de comer, por qué alguien come de forma descontrolada, por qué alguien se siente tan mal con su físico. La respuesta no está en las etiquetas diagnósticas, sino en las historias vitales y contextos de cada uno.**

Lo importante será encontrar explicaciones más completas y complejas más allá de la etiqueta diagnóstica. Respuestas que nos permitan entender cuál es el origen del problema y, lo más importante, por qué se mantiene. Así, pasamos del simple «No come porque tiene anorexia» a algo más elaborado como «No come porque de pequeña le hacían comentarios sobre su cuerpo, solo tiene referentes delgados, piensa que cuando adelgace se sentirá mejor consigo misma y dejará de sentir rechazo por parte de los demás. Así se ha transmitido en su entorno. Esto ha hecho que empiece a hacer dietas restrictivas y ha adquirido un miedo a los alimentos que le lleva a evitarlos y esto solo le conduce a perder más peso y a obsesionarse con el cuerpo y la alimentación». Ese tipo de explicación se suele encontrar en una consulta de psicología en la que se haga terapia de enfoque conductual.

LOS TCA COMO INTENTOS DE SOLUCIÓN

Los problemas **de alimentación se pueden entender como intentos de poner solución a otros problemas**. Las personas caen en un TCA porque a través de todas esas conductas encuentran a corto plazo una forma de aliviar un malestar, aparte de obtener placer, satisfacción, sensación de control, evasión de otros sufrimientos o anticipación de logros. Por esto se mantienen los TCA.

A continuación, vamos a ver varios casos en los que se intenta solucionar un problema a través de la alimentación. El TCA sirve a corto plazo para algo, pero se empieza a enredar y «se hace bola». Que funcione en cierto modo no quiere decir que una persona escoja caer ahí de forma voluntaria ni que necesariamente sepa que está siguiendo esas conductas como intentos de solución, sino que nos limitamos a seguir patrones que hemos aprendido y que en un momento dado nos ayudaron a adaptarnos al contexto.

PROBLEMA DE INSATISFACCIÓN CORPORAL
↳ TCA ⤵
INTENTO MEJORAR MI ASPECTO FÍSICO

Carolina, 29 años. «Me veía horrible y pensé que me vería mejor cuando bajase de peso. Me obsesioné con la dieta y el ejercicio. Perdí unos kilos. Es cierto que sí llegué a encontrarme mejor, pero solo en algunas zonas: tenía la barriga más plana, pero de repente me quedé sin culo. Era como si nada fuese suficiente y, encima, de regalo, me llevé un TCA: ya no podía parar de pensar en el número de pasos que daba para quemar lo que había comido, la comida se convirtió en un premio y el ejercicio en un castigo, solo tenía números y calorías en la cabeza».

En este caso, Carolina entró en un TCA porque intentaba buscar una solución a su insatisfacción corporal, como la mayoría. En el TCA restrictivo encuentra la forma de cambiar su imagen física. Sin embargo, las lógicas dañinas son inseparables de las ventajas del control.

PROBLEMA DE AUTOESTIMA
→ TCA
INTENTO MEJORAR LA CONFIANZA EN MÍ MISMA

Adela, 30 años. «Siempre me habían dicho que era muy guapa. En mi clase siempre me habían halagado por mi físico y me daba miedo perder eso porque, siendo sincera, no creo que destaque en mucho más. Si no mantenía mi físico, temía perder el cariño y la admiración de los otros, a mi pareja, incluso mi trabajo de modelo, en el que se me valora principalmente por mi físico... Sentía que, si contaba calorías, gramos de comida y vomitaba, podía mantener todo eso, pero se convirtió en una pesadilla. No podía mantenerlo durante mucho más tiempo y todo se convirtió en un problema más grande porque empecé a ser irreconocible y me empezó a afectar en otros ámbitos».

Ante problemas de autoestima y la creencia de que el físico es algo importante por lo que nos valoran, el TCA sirve para intentar solucionar la confianza en una misma y mantener el amor de los demás. Detrás de ese intento de solución están las consecuencias dañinas, además de que en realidad no se soluciona el problema original.

ESTRÉS Y POCA SENSACIÓN DE CONTROL
→ TCA
ENCUENTRO CONTROL A TRAVÉS DE LA COMIDA

> **Samira, 23 años.** «Siempre que algo iba mal en mi vida, se le añadía el problema de la comida. Si mi madre estaba enferma, si mis estudios iban fatal, si la persona que me gustaba me dejaba de hablar... Yo solo podía pensar en que al menos podía intentar que con la comida no fuesen tan mal las cosas. Pensaba: "Aquí solo me doy placer yo y solo me hago daño yo"».

Samira encuentra en el TCA un intento de control que no siente en otras áreas cuando todo se desmorona. Aunque a corto plazo este sí le dé una sensación de control, la volverá a perder a medio plazo y las cosas vitales que la hacen sufrir seguirán estando presentes.

> **Carla, 15 años.** «Como llegué a estar muy delgada, me ingresaron. El hospital era una pesadilla, pero al menos era como estar en una burbuja, aislada del mundo. Me daba miedo avanzar y recuperarme porque eso suponía volver a las responsabilidades, al instituto, donde me hacían *bullying* y no progresaba en las asignaturas. Salir del TCA suponía que mis padres ya no estuviesen tan pendientes de mí, cuidándome, tener que dar explicaciones a mis amigos acerca de por qué había desaparecido... Se me hizo muy grande. Cada bocado en cada comida me recordaba que tenía que salir de ahí y yo llevaba tanto tiempo

centrada en mi cuerpo que no me veía preparada para atender a nada más».

En ocasiones, el TCA puede servir para aislar a la persona de una vida que percibe como amenazante y hostil, sería una de las ventajas secundarias del problema. Esto no quiere decir que se busque de forma voluntaria.

POCA TOLERANCIA A CIERTAS EMOCIONES
↳ TCA ↴
ME LIBERO DE EXPERIMENTAR CIERTAS EMOCIONES

Pablo, 42 años. «No soportaba sentir ansiedad, me iba a la cocina a comer. Si triunfaba con algo, les decía a mis amigos de salir a cenar. Cuando lo dejaba con una pareja, me pedía tres hamburguesas a casa y me ponía una película hasta encontrarme mal de la barriga. La comida me daba placer y me quitaba el sufrimiento. Cuando me di cuenta de que había un problema en cómo gestionaba las cosas, pedí ayuda psicológica y empecé a afrontar las situaciones que me llevaban a comer. Con mi psicóloga descubrí que el problema estaba en que yo siempre escapaba de lo que me hacía sentir mal, pero la tristeza siempre volvía, siempre puede haber un motivo por el que sentirme triste. Al final, lo mejor era aprender a vivir con esa tristeza».

El problema con la comida también puede servir en muchos casos como mecanismo para hacer frente, manejar o responder ante emociones desagradables que no se quieren sentir.

CULTURA GORDÓFOBA Y AMBIENTE
QUE INCITA A COMER
↳ TCA ⟶
ENCUENTRO EL EQUILIBRIO

Lucas, 21 años. «Tenía una tienda de alimentación debajo de casa y, cuando me aburría, iba a pillarme algo dulce, bollos, patatas. Cuando no tenía plan y me sentía mal, me hinchaba a comer. Cada vez que salíamos con los colegas e íbamos a tomar algo, me comía toda la tapa que nos ponían. Luego me sentía fatal... Me daba mucho miedo engordar. En mi casa siempre se han criticado los cuerpos gordos y yo no me veo bien cuando subo de peso. Siento que los cuerpos musculados gustan más. A veces, se me viene a la cabeza la imagen de mis colegas llamándome "gordo" y cogiéndome de la chicha. Lo decían de broma, pero a mí se me quedó grabado. Así que después de cada comilona acababa haciendo abdominales. Hacía ejercicio todos los días antes de salir, pero no me gustaba. Incluso alguna vez he llegado a vomitar después de haber comido con mis amigos. Me da pena porque, en vez de estar centrado en el momento, estaba pensando en cómo podía hacer para quitarme de encima lo que había comido».

¿Para qué ha servido tu problema de alimentación?

El problema está en que el intento de solución a través del cuerpo y de la alimentación **solo funciona o funcionó a corto plazo**. A medio y a largo plazo, las consecuencias son dañinas. Además, el problema original no se ha arreglado, porque la solución no estaba en manejar la comida o el cuerpo. Enseguida el problema de alimentación se convierte en algo perjudicial:

✦ No puedo parar de pensar en comida.

✦ No me concentro en tareas que son importantes para mí.

✦ La comida domina mi vida.

✦ La comida guía todas las decisiones que tomo.

✦ Me siento fatal conmigo misma.

✦ Solo me valoro en torno a mi aspecto físico.

✦ Estoy irritable con frecuencia.

✦ Estoy ansiosa a menudo.

✦ Ya no me baja la regla.

✦ Me encuentro débil físicamente.

✦ Me he alejado de mis amigas.

✦ Ya no tengo relaciones sexuales con mi pareja ni disfruto de los mimos.

✦ Tengo problemas digestivos, cardiacos, dentales...

✦ Estoy triste muchas veces.

✦ No tengo ganas de nada.

¿CÓMO APARECEN LOS PROBLEMAS DE ALIMENTACIÓN?

Los TCA nunca aparecen por una única causa. Dependen del contexto cultural, del entorno próximo y de aspectos individuales. Podemos entender la aparición de un trastorno con la metáfora de un vaso de agua.

Tenemos vasos de distintos tipos: más grandes, más pequeños, hechos de materiales más o menos resistentes, vasos que se apoyan sobre superficies sólidas, más o menos al borde... Son aquellas circunstancias del entorno y del momento en el que nos encontramos las que hacen que sea más o menos probable que aparezca un problema con la alimentación. Algunos de estos contextos podrían ser la condición de mujer, que la expone más a presiones estéticas claves para desarrollar un TCA, la cultura de la gordofobia, un entorno que haya hecho mucho hincapié en la importancia del cuerpo, la excesiva disponibilidad de alimentos muy sabrosos que existe en la cultura que propician problemas relacionados con los excesos, usar la comida como refugio emocional..., entre otros.

Variables sociales e individuales que pueden ser un riesgo para desarrollar un TCA

Culturales	Entorno próximo	Individuales
Presión por la delgadez o la tonificación.	Contexto que transmite las ideas culturales respecto al cuerpo.	Seguir dietas restrictivas.
Culto al cuerpo.	Comentarios negativos sobre el peso, la forma corporal o la comida por parte de otros. Así como comentarios que sobreestiman la importancia de la figura.	Preocupación por el peso o la forma del cuerpo e insatisfacción corporal.
Estigmatización de la obesidad.		Interiorización del ideal de delgadez.
Concepción de la delgadez y la salud como sinónimos.		
Asociación entre sobrepeso y enfermedad o falta de salud.		Baja autoestima y autoconcepto configurado por el físico.
Construcción cultural de la feminidad.	Tener amigos o familiares que hacen dieta o practican métodos insanos de control de peso.	Estrategia de afrontamiento evitativo o de escape.
Asociación de la delgadez con el éxito, el control y la disciplina y otras cualidades positivas.	Acoso y rechazo asociados al cuerpo por parte del entorno.	Perfeccionismo. Desarrollo puberal temprano.
Medios de comunicación y redes sociales como transmisores de lo anterior.	Pauta no específica de «bajada de peso» o dieta asociada a un peso determinado.	Expectativas de mejora en la vida por adelgazar. Uso comparativo de las redes sociales.

Estos factores son como las muñecas rusas: una mujer dentro de un entorno concreto dentro de una sociedad que promueve unos valores y mensajes. No se pueden entender estos factores por separado.

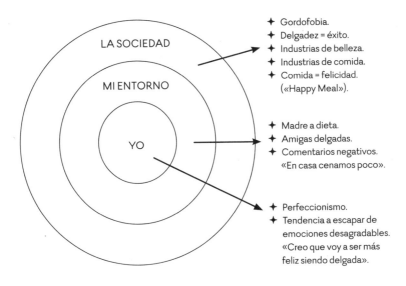

+ Gordofobia.
+ Delgadez = éxito.
+ Industrias de belleza.
+ Industrias de comida.
+ Comida = felicidad. («Happy Meal»).

+ Madre a dieta.
+ Amigas delgadas.
+ Comentarios negativos. «En casa cenamos poco».

+ Perfeccionismo.
+ Tendencia a escapar de emociones desagradables. «Creo que voy a ser más feliz siendo delgada».

Los vasos se van llenando de gotas. Son las cosas que hemos vivido, nuestra historia llena de experiencias y aprendizajes sobre lo que podemos esperar del mundo y sobre lo que el mundo espera de nosotras. Por ejemplo, haber crecido viendo que en casa siempre se hacen compensaciones después de haber comido en exceso o se ha lanzado el mensaje de «ganarse la comida», que te hayan enseñado a regular emociones castigando o premiando con comida, haber recibido acoso por subir de peso o halagos por haberlo perdido, que haya una tendencia a escapar de las emociones y encontrar en la comida un refugio... Hay muchas gotas que pueden llenar el vaso del TCA. También puede haber una gota que colma el vaso y es el desencadenante, por ejemplo: un cambio de ciudad, una ruptura, una subida brusca de peso, incluso ¡la pandemia y el confinamiento!

¿Cuándo podemos hablar de un problema de alimentación? Cuando no se puede beber del vaso, se ha roto, se tambalea... Es decir, cuando todos estos factores hacen que la persona no pueda suplir necesidades básicas, deja de lado otras cosas que le importan, cuando afecta a las cosas que quiere hacer, cuando interfiere en otros ámbitos vitales para la persona.

TRASTORNOS DE LA CULTURA ALIMENTARIA

Los trastornos de la conducta alimentaria no existirían tal y como lo conocemos sin **la sobrevaloración del aspecto que se fomenta en la cultura, ni sin la industria alimentaria y las industrias de belleza.** Ya hemos hablado de que la cultura fomenta un ideal de belleza que cambia con el tiempo y hoy se caracteriza por la delgadez y la «tonificación». Esta forma corporal concreta la asociamos al éxito y así nos lo transmiten los medios de comunicación, nuestro entorno y las redes sociales. Estar delgada o tener un cuerpo musculado puede convertirse en un deseo y una forma de acceder a beneficios sociales, así que cualquier comportamiento encaminado a conseguirlo puede generarnos a corto plazo emociones agradables y sensación de logro.

Muchas personas tratan de estar delgadas haciendo **dietas restrictivas: el principal factor de riesgo para desa-**

rrollar un TCA. Estas conductas (dieta, ejercicio, restricción) podrían verse reforzadas por el entorno con atención o halagos («Qué guapa, cuánto has adelgazado, qué bien estás ahora»), haciendo que se mantengan («¡Está funcionando!», pensamos). Además, la persona puede experimentar sensación de eficacia y de que está haciendo algo bien. Si esto se comienza a torcer, empieza a cogerle miedo a los alimentos, aparece la distorsión corporal, se obsesiona con la cifra... Entonces estaríamos ante un TCA.

Además, **los valores gordófobos de nuestra sociedad** llevan muchas veces a rechazar las formas que se alejan del ideal corporal, como los cuerpos más gordos, que se han convertido en algo desagradable. Aumentar de peso podría ser una forma de que nos pasen cosas malas o de que no nos suceda lo que deseamos. De este modo, aprendemos que ciertas respuestas deseables del entorno se obtienen principalmente estando delgada y que, si nos alejamos de eso, habrá consecuencias negativas o no nos beneficiaremos de ciertas ventajas.

Mientras todo esto ocurre, la industria alimentaria de la comida ultraprocesada y sus respectivas marcas hacen campañas publicitarias en las que asocian sus productos con emociones agradables y con la idea de la felicidad; seguro que se te viene a la cabeza el anuncio de esa famosa bebida o de aquella cadena de hamburguesas. Estas marcas se encargan de que sus alimentos y bebidas estén disponibles incluso en el sitio más remoto que puedas imaginar. Todo esto aumenta la probabilidad de que un sector de la población los consuma de forma compulsiva. Al ser alimentos baratos y rápidos de preparar y consumir, favorecen que sobre todo personas con trabajos más demandantes (generalmente los precarios y, por lo tanto, predominantes en familias de clase baja) recurran a ellos.

Cuando estos dos factores, **la presión por la delgadez y la excesiva disponibilidad de alimentos apetecibles**, se unen, ciertas personas con otros riesgos individuales o con contextos próximos de riesgo podrían verse controladas por las presiones estéticas, por la hiperdisponibilidad de comida y su fácil acceso o por ambas, pues se busca un equilibrio entre comer porque te están incitando a ello y compensarlo para no llegar a estar gorda. ¡Tachán! La sociedad acaba de crear un TCA.

En consulta, cuando exploro el origen de los TCA de mis pacientes, me encuentro con largas historias en las que se les ha señalado por su físico desde muy pequeñas. A veces, lo han hecho médicos que también han asociado un peso determinado y la gordura a ciertos riesgos físicos (que, por cierto, también tienen la delgadez extrema), y encubren la gordofobia bajo motivos de salud. Sin duda, la comunidad científica y los profesionales de la salud no estamos exentos de estas creencias y tratos, también tenemos que revisarnos.

> **María, 26 años.** «Con doce años, el pediatra me dijo que tenía el torso descompensado con las piernas, que estas no pegaban con el resto del cuerpo. Que no eran proporcionadas. Me dijo trucos para poder comer menos».

Cuando escuché esto en consulta, le pregunté a la paciente qué sentía cuando recordaba esas cosas. Me dijo que sentía vergüenza. Esta emoción nos lanza el mensaje de que estamos haciendo algo que no es aceptable a nivel social. Yo le respondí que a mí me generaba rabia, ira, que el pediatra me parecía un impresentable. Creo que **es importante volver a ciertos hechos dolorosos del pasado y cambiar la narrativa, recolocar las cosas y añadir emociones que en el presente nos ayuden más.** Cuando María se miraba al espejo en el presente, seguía sintiendo vergüenza, claro. Se debe a una historia en la que se ha asociado el cuerpo con hechos que generan vergüenza. Quizá es interesante darle cuerda a la ira, pues señala injusticias y nos moviliza a combatirlas. Desde la ira no nos hacemos daño a nosotras, sino que luchamos hacia fuera.

DESMONTANDO MITOS SOBRE LOS TCA

«Se puede ver a simple vista quién tiene un TCA»

Los problemas de alimentación son problemas psicológicos y esto no se ve a simple vista, ni en conductas concretas y mucho menos en el físico. Hay personas muy delgadas que no tienen un problema de alimentación, hay otras personas con problemas restrictivos que terminan estando muy delgadas, hay personas gordas con un problema de alimentación y también hay personas con cuerpos normativos que tienen un problema de alimentación. Los TCA se dan en todo tipo de cuerpos. No se reflejan necesariamente en el físico, sino en un conjunto de comportamientos, tanto los que se ven como los que no, y que a veces tienen consecuencias sobre el cuerpo.

«Las personas que sufren anorexia son muy delgadas»

Para ser diagnosticada de anorexia nerviosa debe haber un infrapeso. Si no hay infrapeso, se denomina «anorexia nerviosa atípica». Se pueden tener conductas anoréxicas (es decir, restrictivas, insatisfacción corporal, miedo intenso a subir de peso...) con cualquier tipo de peso y que estas conductas generen un gran sufrimiento para el día a día de la persona. Por eso el diagnóstico no es lo importante, sino el comportamiento problemático y el sufrimiento que deja.

«Los TCA son cosas de chicas adolescentes»

Son más frecuentes en mujeres, pero también hay hombres que los sufren. Asimismo, pueden aparecer a cualquier edad.

«Los TCA son de niñas mimadas y superficiales»

Se pueden dar en mujeres muy formadas y críticas con la cultura gordófoba.

«La obesidad es un problema de alimentación»

La obesidad es una condición, no un TCA. Además, es algo multifactorial y no depende solo de la relación que se tenga con la alimentación y el deporte. Puede darse al mismo tiempo que un problema de alimentación o no. Hay personas con obesidad que no tienen un problema con la relación alimentaria. Hay otras personas que tienen un problema de conducta alimentaria y que terminan teniendo obesidad. Y hay otras personas que tienen obesidad y terminan generando un TCA por culpa de la violencia que sufren y el odio que sienten hacia su cuerpo.

«Las personas que sufren un TCA son mentirosas y manipuladoras»

Las personas que sufren un TCA pueden llegar a ocultar información acerca de la alimentación o mentir sobre lo que han comido o no. Esto forma parte del problema, no de la identidad de la persona. Ocultar o mentir no las convierte en personas mentirosas o manipuladoras, pues la intención no es engañar, sino aliviar miedos, vergüenza, culpabilidad, evitar decepcionar o sentirse juzgadas, incluso mantener patrones dañinos de los que les resulta difícil desprenderse.

«Los TCA son para siempre»

Por suerte, esto no es cierto. A continuación vamos a ver por qué.

DE LOS TCA SE PUEDE SALIR, NO SON PARA SIEMPRE

Los TCA pueden ser de larga duración, sin embargo, no son eternos y **es posible salir de ellos**. A veces, lo que ocurre es que los factores de riesgo persisten, los ambientes problemáticos perduran y la cultura que los incita nos sigue bombardeando con mensajes dañinos. El TCA no es para siempre, a veces lo que está siendo insistente es el ambiente problemático.

Tras una recuperación de TCA, es posible que te mires al espejo y no te gustes nada, que se te vuelva a pasar por la cabeza la idea de ponerte a dieta... ¡No tiene por qué ser una recaída! Siento decírtelo, pero ¡bienvenida de nuevo al mundo! Si pensamos que si alguien que ha sufrido un TCA volverá a tener ideas dañinas sobre el cuerpo y la comida es porque creemos que «los TCA son para siempre», pero en realidad lo que está ocurriendo es que el ambiente que fomenta esos TCA no ha cambiado y sigue haciendo de las suyas.

Yo, que estoy en contacto con personas con problemas de alimentación y trabajo ayudándolas, también tengo deseos de cambiar mi cuerpo y a veces se me vienen ideas negativas a la cabeza sobre él. ¿Cómo es posible si sé cómo funcionan? Porque he crecido siendo mujer en una sociedad gordófoba. Tampoco me libro. Sin embargo, recuerdo todas las consecuencias negativas que traen las dietas, ¡las veo a diario en consulta! Contar calorías, la obsesión, el aislamiento, la irritabilidad, los problemas físicos... no me compensan, así que intento distanciarme de esos pensamientos. Intento no hacerles caso a las voces que me prometen hacerme sentir mejor cuando adelgace, cuando cambie esto, cuando me machaque en el gimnasio, cuando siga esta dieta o cuando trate de controlar más mi alimentación.

Como hemos visto, un TCA se mantiene porque a corto plazo sirvió o sirve para algo. Esto es lo que hace que sea tan difícil dejarlo atrás. En consulta suelo encontrar ambivalencia al cambio. Esto quiere decir que siempre hay un deseo de dejar de sufrir, pero no se está segura de dejar de querer mantener ciertos patrones de comportamiento que forman parte del TCA.

Un ejercicio que puede servir para trabajar estas dudas sobre el cambio es escribir sobre las ventajas y los beneficios de dejar atrás el TCA, pero también sobre las desventajas. Es ahí, en el «¿qué perdería si dejara atrás el TCA?», donde encontrarás las cosas que mantienen esas conductas. Por ejemplo, dejar atrás un TCA de tipo restrictivo supone superar la sensación de control, quizá también las promesas asociadas a perder peso, incluso ciertas ventajas que el «rol de enferma» ha acarreado, aunque no se buscaran de forma voluntaria en un principio. Las ventajas pueden ser cuidados de los familiares, bajas laborales, dejar atrás responsabilidades y estrés...

Una tercera parte del ejercicio consiste en plantearse dónde se pueden encontrar esas ventajas del TCA en otro lugar. Por ejemplo, si el TCA te da sensación de control y de orden, te alivia un sufrimiento, ¿en qué otras actividades, contextos o acciones puedes encontrar eso? Como todo esto es más complejo, tiene matices: a veces esas ventajas no son deseables y tenemos que renunciar del todo a ellas, como es el caso de asumir que no siempre podemos tener control sobre todo ni podemos ser perfectas. Eso es algo con lo que tenemos que aprender a convivir desde la aceptación.

Si te encuentras en esta situación, te invito a que te pares un rato a pensar en estas tres preguntas:

¿Qué gano si dejo atrás mi TCA?	¿Qué pierdo si dejo atrás mi TCA?	¿De qué otro modo puedo encontrar lo que me da el TCA?

¿QUÉ MÁS COSAS PASAN CUANDO HAY UN TCA?

Los TCA nunca son solo problemas de alimentación, tienen que ver con otros momentos vitales complicados o patrones de comportamiento que afectan a la alimentación y a la relación con el cuerpo. Te presento aquí algunas de las variables que también se relacionan con estos problemas.

La adolescencia

Durante esta época, vivimos muchos cambios corporales y emocionales, sumados a la creación de la identidad. En este contexto, surge el deseo de encajar en el grupo y esas emociones que no se saben manejar muy bien se convierten en un caldo de cultivo para desarrollar problemas de alimentación. Por eso es habitual que los TCA surjan en esta etapa vital. En las adolescentes suele aparecer el uso del maquillaje, las redes sociales, las elecciones de ropa, con todos los riesgos que esto supone.

✦ ¿Cuándo te sentiste insatisfecha con tu cuerpo por primera vez? ¿Cuándo te planteaste hacer la primera dieta? ✦

El perfeccionismo

El perfeccionismo es una forma de comportarse y de pensar en la que se considera que solo hay una manera correcta de hacer las cosas para alcanzar unas ventajas, que están colocadas muy arriba, por lo que la persona nunca termina de sentirse del todo satisfecha. Esta tendencia de que solo hay una opción correcta puede hacernos caer en la lógica del todo o nada: «Como ya he comido una galleta de más, pues ya me las como todas porque la he fastidiado», «Ya empiezo mejor mañana desde cero». Pero entramos en una espiral y nunca nada es suficiente: «Treinta minutos corriendo no es nada, tendría que haber hecho una hora». Acaso el comportamiento perfeccionista se mantenga por una regla tipo: «Si soy perfecta, entonces no me rechazarán, no sufriré, no fallaré, con todo el dolor que eso me supone», pero no es cierto, en la vida el malestar es inevitable. Si acudimos a muchas experiencias, estas nos dicen que el comportamiento perfeccionista añade más sufrimiento.

Las personas que son perfeccionistas con la alimentación, el ejercicio o el cuerpo, pueden serlo también con otros ámbitos, como el trabajo, los estudios o las relaciones interpersonales. Esta tendencia de comportamiento se puede cambiar. La regla «o lo hago perfecto o no lo hago» solo te lleva a no hacerlo. Lo perfecto es enemigo de lo bueno: lo que queremos que sea perfecto no concuerda con hacer las cosas bien, a veces ni siquiera nos permite hacer las cosas.

✦ ───────────────────

¿Para qué quieres ser perfecta? ¿Adónde te está llevando el perfeccionismo?

─────────────────── ✦

La baja autoestima

La autoestima es el resultado de cómo nos tratan a nuestro alrededor, de cómo nos hablamos a nosotras mismas y las acciones que tomamos según nuestras necesidades. Hay formas de hablarnos destructivas que configuran una baja autoestima. Por ejemplo, si cuando se me cae un vaso me digo: «Soy una inútil», estoy creando una peor autoestima que cuando se me cae un vaso y me digo: «He estado poco atenta en esta situación». Esto de hablarnos a nosotras mismas y de las acciones tiene mucho que ver con la configuración de un TCA.

Las personas que tienen un problema con la alimentación suelen decirse cosas terribles cuando se miran al

espejo («Soy horrible y así no gustaré a nadie jamás») y llevan a cabo acciones que son dañinas a largo plazo (vómi-
tos, ejercicio compulsivo, restricción). Podemos favorecer
una buena autoestima con los autocuidados, poniéndole
límites a nuestro entorno, rodeándonos de personas que
nos tratan bien y aprendiendo a fallar.

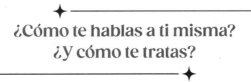

¿Cómo te hablas a ti misma?
¿Y cómo te tratas?

La tendencia al escape

Vivimos en una sociedad en la que las emociones desagradables (¡que no negativas!) están asociadas a la infelicidad.
¿Acaso no es compatible ser feliz y sentirse mal de vez en
cuando? Si desde siempre nos dicen que no estemos tristes
y nuestro entorno corre a consolarnos rápido para que de-
jemos de estar mal, lo que aprendemos es que tenemos que
buscar una forma de escapar cuando algo nos duele o nos
sentimos mal. Lo ideal sería encontrar una forma de transitar el dolor, no de escapar de él añadiendo más aún. Esta
forma de actuar es común en problemas de alimentación:
los atracones son la forma que la persona ha encontrado de
escapar de ese malestar o de esos problemas dolorosos del
día a día.

En problemas de insatisfacción corporal hay una
búsqueda del cuerpo perfecto en vez de una intención de
convivir con el nuestro, pues quizá este nos genera emocio-

nes desagradables. En el caso de problemas de control con la comida, la persona escapa una y otra vez del malestar que le genera la incertidumbre, no tener bajo control el cuerpo, la báscula, la comida o la imagen que proyecta a los demás.

Las relaciones con la familia

La familia es el primer espacio en el que la persona aprende qué esperar del mundo y de los demás, así como el modo de manejar sus emociones. La comida puede ser una forma de premiar, castigar, aplacar sentimientos desagradables o resolver conflictos. Esto puede predisponer hacia un TCA.

En concreto, la relación madre-hija suele ser un factor que influye en el origen y el mantenimiento de un problema de alimentación. ¡Esto no quiere decir que sea culpa de las madres! Nuestras madres, al fin y al cabo, son también mujeres que han crecido en esta sociedad de valores estéticos asfixiantes. **En consulta tengo a muchas pacientes que son herederas de las madres a dieta.** Ha habido toda una generación de mujeres que se puso a régimen en los años ochenta o noventa... Sus hijas han aprendido que la restricción es una forma de sobrevivir y alcanzar lo que se espera de nosotras. Las madres, como el resto de las mujeres, han podido interiorizar el ideal de belleza y lo pueden transmitir a sus hijas de distintas formas: «Qué barriga más fea tengo», «Estos pantalones no te sientan bien», «Tú siempre has llevado esta talla, ¿cómo te vas a poner una más?», «Qué cuerpazo tiene esta chica».

A través de las madres aprendemos qué se espera de nosotras por ser mujeres, son nuestros primeros referentes de feminidad. Además, sobre ellas recae principalmente el cuidado de los hijos. Se suelen encargar de la alimentación en casa y, por lo tanto, influyen en las asociaciones que se crean con la comida, las consecuencias de comer de una manera u otra y las reglas que nos imponemos alrededor de la alimentación.

También, la alimentación es la primera forma de vincular entre la madre y la hija y de regular ciertas emociones: nos daban el biberón cuando llorábamos, tal vez había discusiones a la hora de comer, nos castigaban sin comer, nos dejaban sin postre o nos premiaban con él... Todos estos momentos suponen aprendizajes con la comida y con el cuerpo.

Otro elemento que influye en los TCA por parte de la familia es la actitud de sobreprotección que adoptan los padres que impide la exploración del mundo, cometer errores, ganar autonomía... Así que, al final, se busca esta autonomía a través de la comida.

El perfeccionismo y las altas expectativas y exigencias también se aprenden dentro de la familia: padres o madres que esperan hijas perfectas.

¿CÓMO ES LA RECUPERACIÓN?

La recuperación no es un proceso lineal, las caídas son esperables y forman parte del proceso. Estas nos permiten dar un pasito atrás, tomar perspectiva y así poder identificar cosas como ¿qué me ha pasado?, ¿qué ha generado que vuelva a caer en patrones problemáticos?, ¿cómo puedo prevenirlo la próxima vez? Las caídas fomentan el aprendizaje. En cada una se pueden identificar emociones, pensamientos, momentos vitales, compañías, lugares en los que estar alerta en el futuro. La recuperación es un proceso en el que las conductas problemáticas se espacian en el tiempo cada vez más y que progresivamente van teniendo menos intensidad o impacto en el día a día.

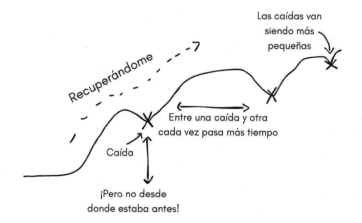

No lo vamos a hacer todo perfecto ni a avanzar con la rapidez que nos gustaría. Lo importante será no darlo todo por perdido y no actuar desde el perfeccionismo ni desde la lógica del «todo-nada», tampoco en la recuperación.

✦ ————————————————————

La recuperación es un camino de dos pasos hacia delante y uno hacia atrás: el resultado sigue siendo avanzar.

———————————————————— ✦

Es importante que tú, que estás sufriendo, aprendas a preguntarte qué necesitas y cómo dártelo o pedirlo y dejarte ayudar. Es importante que seas honesta contigo misma y sepas cuándo tus necesidades son para «dar de comer al TCA» y cuándo las necesidades de verdad van en la línea de una recuperación: alimentarte y cuidarte a ti.

¿Qué necesito yo (¡que no mi TCA, ojo!)? ¿Y qué necesito por parte de mi entorno?

✦ _____

✦ _____

✦ _____

PAUTAS PARA AYUDAR A ALGUIEN CON UN TCA

Lo más seguro es que estés muy preocupada si hay alguien en tu entorno que tiene un TCA y quieras ayudarle. Ojalá existiera una fórmula mágica, pero, como hemos visto a lo largo del libro, cada problema es individual. Se sabe lo que hay que hacer cuando te haces un esguince, pero los problemas psicológicos no son como enfermedades o lesiones. Funcionan de manera distinta y vienen de una historia y un entorno únicos. Por eso, cuando me preguntan: «¿Cómo puedo ayudar a alguien con un TCA?», me gusta responder: «Preguntándole cómo le puedes ayudar».

Refuerza cada pequeño avance

Las personas que sufren un TCA llevan a cabo comportamientos que a lo largo de su historia vital han sido reforzados, es decir, han tendido a repetirse porque han servido a corto plazo trayendo consecuencias inmediatas que eran una ventaja. Para entendernos mejor: una persona que tienda a darse atracones ha podido encontrar en la comida una forma de placer o de alivio a corto plazo; una persona que ha dejado de comer ha podido encontrar en la restricción una forma de satisfacción o alivio a corto plazo del miedo a engordar. Por esto es importante reforzar otras conductas alternativas. Reforzar es suministrar consecuencias positivas ante comportamientos más beneficiosos para que se repitan en un futuro. Esto es como en *Supernanny* cuando les ponían pegatinas por cada vez que los niños lavaban los platos, pero algo más complejo y, desde luego, intentando no infantilizar a adolescentes o adultas.

«Vale, pero ¿qué comportamientos sé que son los beneficiosos?». Es complicado responder de forma absoluta porque pueden depender de cada persona y por eso es importante pedir ayuda psicológica que nos oriente en estos casos. Quizá esta pueda ser una aproximación a comportamientos beneficiosos según cada patrón:

✦ **En problemas de control:** permitirse comer sin restricción, organizar comidas de manera flexible, valorarse más allá del físico, retomar planes en torno a la comida, dejar de controlar cosas relacionadas con la comida, reducir el ejercicio compulsivo.

+ **En problemas de descontrol con la comida:** organizarse las comidas y no saltarse ninguna, permitirse comer cualquier alimento, comer despacio y disfrutando, tener presente la variedad de alimentos, encontrar aficiones nuevas, no caer en conductas compensatorias después de los atracones.

Anímale a pedir ayuda psicológica

Desde mi perspectiva, recomiendo la terapia conductual, cognitivo-conductual o contextual. Son terapias que tienen evidencia científica y que trabajan teniendo presente la función que cumplen los comportamientos en torno a la comida, es decir, lo que mantiene los problemas con la alimentación.

La recuperación de un problema de alimentación es lenta y debe ir poco a poco, paciencia.

Acompaña, no culpabilices ni critiques ni minimices sus emociones

Es normal que te sientas frustrada si estás acompañando a alguien que transita un problema de alimentación. Sin embargo, soltar estas frustraciones con la persona que lo sufre solo complica el avance.

No critiques lo que come. Las personas con un problema con la alimentación suelen sentir culpabilidad cuando comen ciertas cosas o de cierta manera. Es importante no añadir leña al fuego haciendo más desagradable la relación con la comida. Es normal que, cuando alguien tiene un problema de alimentación, te llamen la atención determinados alimentos que come o cómo los come, pero esto es parte de los comportamientos problemáticos y solo los podrá cambiar si acompañamos desde el cariño, la compasión y la comprensión.

Que el TCA no se convierta en el protagonista

Presta atención a otros temas y a otras cosas que hace o le preocupan. Si no, la persona puede aprender que tiene que estar muy mal para que se le ofrezcan ciertos cuidados.

Tened experiencias que se salgan del problema de alimentación. Se pueden fomentar nuevas aficiones, intereses y actividades de disfrute y hacer planes sociales más allá de la comida porque si no corremos el riesgo de que se aísle.

No hagas comentarios sobre el físico, ni para bien ni para mal, ni de ti ni de nadie

Los TCA se mantienen debido a que sobrevaloramos el aspecto físico. Si se halaga o se critica a la persona en relación con su aspecto, este sigue siendo lo central. Si la persona ve que a su alrededor se habla mal de ciertos rasgos físicos, sigue aprendiendo que habrá consecuencias negativas por parte de su entorno si no tiene un cuerpo canónico.

Busca otros halagos y recalca otras cualidades de la persona

La idea es sacar el cuerpo del centro de todo. El cuerpo no es lo más importante y así debemos hacérselo saber. Podemos hacer halagos de otras cualidades: «Te veo radiante», «Te brillan los ojos cuando estás tan feliz», «Te sienta bien este color», «Qué amable has sido», «Qué graciosa eres», «Qué habilidad tienes para tal cosa», «Eres muy capaz», «Qué bien haces esto».

Crea un ambiente cómodo durante las comidas

El momento de la comida no es el momento de discutir. Si no, comer se asociará con emociones desagradables. Es importante generar una situación cómoda, hablar acerca de temas del día a día, no solo de la comida. Presionar de formas agresivas para comer crea más ansiedad, lo que hace que sea más difícil poder comer.

Evita tener básculas en casa o a la vista

No es necesario que la persona se pese, incluso puede ser contraproducente en la mayoría de las ocasiones. Si hay necesidad de controlar el peso, por ejemplo por un riesgo físico, lo ideal es que se ocupe un profesional sanitario y que se pida cita en el médico.

Haz de amiga, madre, padre, hermana, pareja... No de psicóloga

Es importante mantener el rol que tienes: amiga, madre, pareja... En definitiva: acompañante, no psicóloga ni de entrenadora en recuperación. Tu rol es valioso y necesario, no intentes tener otro.

No siempre ayuda dar consejos. Ante la duda, es más útil preguntar: «¿Qué puedo hacer para ayudarte?» o generar un espacio para que la persona se pueda expresar libremente y sin juicios. Mantén un rol de apoyo y permite que la persona exprese cómo se siente. Es normal no entender un problema tan complejo, por eso es mejor no dar cosas por hecho ni tomar como verdad absoluta lo que se ha leído en otros sitios. Lo mejor siempre es preguntar.

Pregunta: «¿Cómo puedo ayudarte?»

Hasta aquí te he dado pautas generales, pero en realidad no existen dos TCA iguales porque no hay dos personas ni dos historias idénticas. Es por esto por lo que es importante preguntar directamente a la persona que sufre cómo podemos ayudarla. «¿Hay algo que pueda hacer o dejar de hacer para ayudarte mejor?». ¡No pasa nada por no saber! Es lo esperable.

Ideas claves del capítulo:

Los TCA son etiquetas, formas de ordenar información para los profesionales, pero el diagnóstico no explica por qué se mantiene el problema.

Un TCA es un intento de solución a otros problemas.

Es posible salir de un TCA y no es para siempre.

Un TCA se explica por diversos factores y nunca por uno solo.

En este libro se recomiendan las terapias conductuales o contextuales para tratar los TCA.

6. FLEXIFOODING: HACIA UNA ALIMENTACIÓN FLEXIBLE

> Si no como sano, me siento muy culpable.

> Para los demás, el viaje era lo principal y la comida lo acompañaba, para mí era al revés.

> Quiero volver a alegrarme y preocuparme por cosas que no tengan que ver con la comida.

Imagina que estás en la playa, con tus amigas. ¡Qué placer! Solo tenías unos días para escaparte después de todo el curso y todo el trabajo... Por fin hay un descanso. ¿O no?

«¿Dónde vamos a comer? ¿Cuándo? ¿A qué horas? ¿Qué vamos a comer? Necesito seguir mis pautas con la comida, ¿y si me llevo mi propia comida? ¿Y si miro las cartas antes? ¿Otra vez pasta? Estamos cenando demasiado... Uf, un mojito tiene mucho azúcar, con lo que me gustan los mojitos, pero... es que no puedo permitírmelo, yo tomaré agua. Encima me siento culpable, creo que estoy jodiendo la noche. Estoy amargada, parezco distraída, no soy capaz de disfrutar».

Imagina que es la boda de tu prima, ¡te encantan las bodas! Por fin te reúnes con todos los primos a los que llevas mucho sin ver, estás feliz, pero... ¡brindis!

«Uf... ¿Cuántas calorías tendrá esto? Yo mejor no brindo... Bueno, sí, pero no bebo... Aunque voy a quedar fatal... En fin... ¿Otro canapé? ¡Cuántos dulces! Me estoy pasando... Cuánta comida en la mesa, no puedo parar de mirar. Un pastelito más y ya. Un bocadito más y ya. ¿De qué me están hablando? No me centro, estoy irritable, no me gusta que haya tanta comida».

Imagina que viajas con amigos, compañeros del trabajo o con tu pareja. Por fin hacéis esa ruta por el norte que tanto deseabas. Te ha preparado unos bocatas de tortilla, esa que tanto echas de menos, pero...

«¿Las patatas serán fritas? ¿El pan es blanco? Madre mía, yo quería llevarme lo mío, prefiero decirle que ya me llevo yo mi táper, que se deje de sorpresas».

Imagina que has cambiado de trabajo, te has mudado y no te queda casi tiempo en el día. Menudo estrés, la exigencia es el doble. Tienes menos energía y necesitas comer más, son muchas demandas. Pero toda tu energía va dirigida a planificar comidas. Esto no te permite enterarte de cómo funciona el nuevo trabajo ni de darte un paseo por el nuevo barrio.

«Yo lo que necesito es organizarme todas las comidas, hacerme mi menú».

Imagina que tienes un viaje largo por carretera, conduces tú, tienes hambre, hay que parar. Pero...

«¿En un bar de carretera? ¿Y qué me pido? Ahí no tendrán lo que suelo comer, seguro que es todo fritanga, ¿y yo cómo sé el modo en que han cocinado las cosas? Madre mía, con el hambre que tengo. ¿Y si me espero a llegar a casa y como lo de siempre?».

Todos estos ejemplos son para que veas que la vida cambia, nuestro contexto cambia, nuestros gustos cambian, nuestras compañías cambian, **nosotras cambiamos**... **Por lo tanto, la alimentación debería cambiar también y adaptarse a nuestra vida.** Los niños pequeños tienen un juego que es una caja con huecos que tienen distintas formas y por ellos hay que meter las figuras que corresponden a esas formas. La alimentación flexible consiste en eso: según el hueco, trata de encajar una pieza u otra, con una forma u otra. La alimentación rígida sería intentar encajar siempre la misma pieza en los distintos huecos o intentar encajar piezas con una forma disparatada que no encaja en ningún hueco.

Las reglas rígidas

LA CAJA DE LA VIDA

Las normas rígidas con la comida no te permiten descansar. Cuando estás en casa, todo va relativamente bien, es fácil de seguir. En cambio, cuando sales de ahí, todo se descuadra. ¿Qué vas a hacer? ¿Quedarte ahí dentro por comodidad? ¿O salir de esa caja inerte y adaptarte a una realidad cambiante, viva, llena de imprevistos, sorpresas y novedades?

Lo contrario a un comportamiento flexible es un comportamiento rígido con la alimentación.

NO SOMOS LO QUE COMEMOS, SOMOS LO QUE HACEMOS

Hay una frase que ha hecho mucho daño a mi parecer, esa de «Somos lo que comemos». No somos lo que comemos, somos lo que hacemos. Lo que hacemos tiene que ver con una interacción bidireccional con el entorno, que va mucho más allá de nuestra relación con la alimentación. Lo que hacemos depende de lo que nos pasa, de lo que nos ha pasado y de lo que nos rodea.

Para mí, reducirnos a un cuerpo y a la composición de los alimentos que entran en ese cuerpo es reduccionista y un poco de capítulo de *Black Mirror*: una manzanita y eres un poco mejor, pero ¿con un dónut? Entonces eres un poquito peor. Las personas no nos definimos por eso. El riesgo de definirnos por lo que comemos es precisamente la culpa que aparece cuando ingerimos algo que es menos deseable a nivel nutricional o la de sentirnos un fracaso cuando nuestra alimentación no se adapta a lo que queremos.

Pero ¡si yo solo quiero comer saludable! Bien, veamos eso de la salud.

Ninguna alimentación es saludable si no se adapta a la vida que quiere llevar una persona y a la vida que le merece la pena vivir. Si las pautas que sigues con la alimentación no te permiten vivir a gusto, quizá no son saludables.

✦────────────────

¿Te imaginas comiendo así de aquí a cinco años?

¿Tu alimentación se podría amoldar a unas vacaciones?

¿Tus hábitos se podrían amoldar a un cambio de contexto?

────────────────✦

Si la preocupación por mantenerse saludable afecta al bienestar psicológico, deja de ser salud porque afecta de forma negativa en otras áreas que forman parte de la salud. Entonces, entramos en una paradoja: **preocuparme de forma excesiva por la salud no me permite estar saludable.**

Hace unos años surgió un movimiento que hizo mella en nuestra sociedad. Lo que planteaba era alimentarse evitando los alimentos ultraprocesados. La campaña venía armada con libros, aplicaciones, embajadores en las redes sociales, etc. A *priori*, evitar los ultraprocesados puede parecer una pauta de lo más saludable. Sin embargo, para ciertas personas estas pautas pueden convertirse en lo que yo he llamado «rigidezfooding».

Categorizar los alimentos como reales o ultraprocesados bajo criterios de salud física es algo peligroso. Estos criterios no son los únicos que hay que tener presentes para mantener una buena relación con la comida, que depende también de las emociones, pensamientos y acciones alrededor de la comida.

Por otro lado, no podemos medir y alcanzar la salud a través de lo cuantitativo. La vida no está hecha para contar calorías, como decía aquel anuncio, pero tampoco hay que calcular ni proteínas ni gramos ni el porcentaje de ultraprocesados. La salud es cualitativa y múltiple.

¿Con qué afirmaciones te sientes identificada?

✦ Evito planes sociales por seguir con mi alimentación saludable.
✦ No disfruto de momentos especiales por estar prestando atención a mi alimentación saludable.

✦ No puedo parar de pensar en comida ultraprocesada.

✦ Siento una culpa muy intensa cuando como un ultraprocesado o sobrepaso mi límite autoimpuesto de ultraprocesados.

✦ No disfruto de momentos especiales en los que hay presentes alimentos ultraprocesados.

✦ Siento que la alimentación es la que guía mi día a día.

✦ Cuando tomo un ultraprocesado, me descontrolo y ya siento que no puedo parar.

✦ Mi planificación con la comida es muy dispar a las exigencias del día a día.

✦ Tengo que hacer cosas muy distintas a los demás para poder comer a gusto y eso me hace estar insatisfecha.

✦ Mi plan saludable con la comida no se adapta a cambios en mi rutina, mi contexto, mis condiciones físicas o mis necesidades.

Estas afirmaciones forman parte de comportamientos rígidos con la alimentación.

DEL RIGIDEZFOODING AL FLEXIFOODING

En contraposición a una alimentación rígida, propongo el «flexifooding», una forma de alimentarse con flexibilidad. Sería una alternativa de relación con la alimentación para personas con historia de problemas psicológicos con la alimentación, con tendencia a la rigidez, al «todo o nada», al perfeccionismo o a otras dificultades con la comida. Está hecha para aquellas personas que no quieren o no les compensa guiar su vida siguiendo una alimentación con normas centradas principalmente en lo nutricional y en la salud física.

Todo el mundo entendería que alguien decidiese hacer *puenting* a pesar de los riesgos que eso acarrea. Lo entendemos porque sabemos que hay personas que disfrutan de la vida por sus experiencias y aventuras. ¿Por qué no aplicamos esto a la alimentación? No todas tenemos que tomar decisiones con la alimentación según la salud física porque quizá hay otras áreas que para nosotras son de valor: el crecimiento personal, las nuevas experiencias, el disfrute, la amistad, la familia, la diversión, la comodidad, el trabajo, las aficiones... Cosas que, además, aportan al concepto integral de salud, donde lo importante también es el bienestar psicológico y social. En estos casos, la salud física no es el criterio prioritario y esto es igual de válido y respetable.

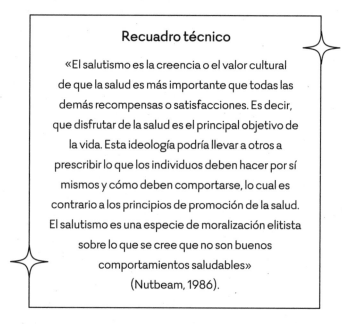

Recuadro técnico

«El salutismo es la creencia o el valor cultural de que la salud es más importante que todas las demás recompensas o satisfacciones. Es decir, que disfrutar de la salud es el principal objetivo de la vida. Esta ideología podría llevar a otros a prescribir lo que los individuos deben hacer por sí mismos y cómo deben comportarse, lo cual es contrario a los principios de promoción de la salud. El salutismo es una especie de moralización elitista sobre lo que se cree que no son buenos comportamientos saludables» (Nutbeam, 1986).

Esto no es incompatible con una promoción de la salud y con estar informados de los riesgos y los beneficios de una alimentación u otra para tomar decisiones con más libertad. Es compatible con aprender a desarrollar hábitos más saludables respecto a lo nutricional, mientras se tienen en cuenta otros aspectos que van más allá de la alimentación, sobre todo porque la vida es más que alimentarse.

El comportamiento flexible con la alimentación hace que la salud física y el bienestar psicológico se encuentren.

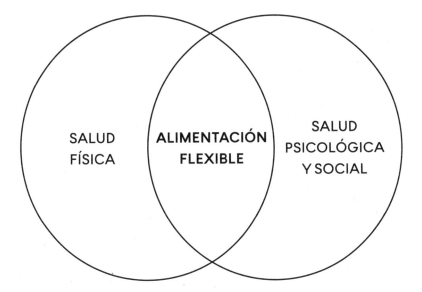

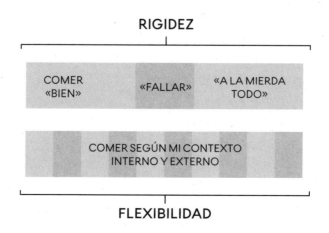

El comportamiento flexible sería aquel que se adapta a distintos momentos y contextos, modificando reglas y planes previos. Este comportamiento flexible se puede aplicar a la alimentación.

Alimentarse de manera flexible consiste en guiar las decisiones cotidianas mirando más allá de lo nutricional y de la alimentación. **Nutrirse es alimentarse, pero alimentarse es mucho más que nutrirse.**

✦ ─────────────────────────

Cuando vas a comer algo, ¿con qué criterios escoges esa comida? ¿Con qué objetivos? ¿Bajo qué normas? ¿Puedes identificar los criterios o, por el contrario, parecería que eliges sin criterio?

───────────────────────── ✦

Desde una alimentación basada en el comportamiento flexible, propongo que, entre esos criterios por los que decidimos qué vamos a comer, esté también la pregunta: «¿Voy a disfrutar de esto?».

Carmen, 29 años. «Hemos acabado cenando una pizza en un sitio que nos apetecía probar. Había planeado solo comer dos trozos, pero me he acabado comiendo la mitad de la pizza que hemos pedido para compartir, porque me apetecía y pensé que por qué siempre tengo que comer menos que el resto. Siento culpa y sensación de descontrol porque es el segundo día seguido que como pizza. Pero también estoy contenta por haber podido compartir este rato con él. Al salir del restaurante me he planteado si había merecido la pena comerme la pizza, pero después, charlando, mi amigo me ha dado un beso y un abrazo improvisado. Creo que eso me ha respondido todas las dudas sobre si merece la pena volver a vivir normal».

Vamos a regresar a la infancia. Cierra los ojos, piensa en cómo disfrutabas de esos alimentos que ahora te generan culpa, ¿recuerdas cómo te rechupeteabas los dedos después de comer gusanitos? ¿Recuerdas ponerte perdida comiendo helado? Luego todo se vició por los significados culturales de «comer bien», «comer mal», «engorda», «no engorda»... Nuestra relación con el placer y la comida ha cambiado. Por ejemplo, ahora valoramos más una buena conversación alrededor de la mesa, cocinar juntos con amigos... La comida es una fuente de placer, y no solo por lo que recibimos a través de las papilas gustativas, sino porque es una puerta a la vinculación y el disfrute de nosotros y los demás. Es toda una experiencia.

Flexibilizar nuestro comportamiento con la comida supone integrar nuestra alimentación en el resto de las demandas del día a día. Es decir, que la alimentación no sea el centro de todo, sino que cuando se requiera pueda pasar a un segundo plano sin que nada se desmorone.

La idea de ser flexibles con la alimentación no quiere decir que nos despreocupemos. Podemos tener una mínima estructura, unas bases mínimas que tratar de llevar a cabo por lo general, pero que sean lo suficientemente laxas para que se puedan adaptar a los cambios.

Comer de forma flexible consiste en elegir la comida en función de necesidades en distintos niveles:

Físicas	Sociales	Psicológicas
Energía.	Ocio.	Mi relación con los alimentos.
Enfermedades y condiciones.	Eventos.	
	Trabajo.	Gustos.
Alergias e intolerancias.	Estudio.	Placer.
Dificultades puntuales.	Familia.	Necesidades emocionales.
	Tradiciones culturales.	
Señales de hambre-saciedad.	Viajes.	Retos terapéuticos.
		Perder miedos.
Funcionamiento, optimización y cuidado de los órganos.	Tiempo.	Transitar la culpa.
	Amistades.	Experiencias nuevas.
Rendimiento deportivo.		

Comer de forma flexible puede ser:

+ Trato de comer cinco veces al día, pero me permito comer cuatro si una vez me levanto más tarde o seis si un día tengo más hambre.

+ Cambio mi plan inicial de alimentación porque mis planes sociales también han cambiado.

+ Modifico mi idea original sobre alimentación porque mi cuerpo me pide algo distinto y se lo quiero dar.

+ Me propuse reducir el consumo de azúcar libre por motivos de salud, pero disfruto de las tartas de cumpleaños y otros dulces sin que eso suponga un drama y sin fustigarme.

+ Paro de comer porque ya estoy saciada y no voy a seguir disfrutando, en vez de seguir a rajatabla la norma de que «no puede quedar nada en el plato».

+ Como aunque ya esté saciada, porque lo disfruto.

+ Introduzco frutas y verduras en mi alimentación, pero priorizo aquellas que me gustan más.

+ Salgo de trabajar agotada y con mucha hambre y decido ir a una hamburguesería porque no aguanto el viaje en el coche sin comer.

+ Puedo comer una pizza el miércoles y una ensalada el sábado, si eso es lo que me gusta y me complace.

+ Puedo comer una pizza el miércoles y una pizza el sábado, si eso es lo que me apetece y lo disfruto.

+ Tengo en cuenta las necesidades nutricionales, pero también mis ganas, mis apetencias y mi disfrute y comodidad.

+ Cuando voy al cine compro palomitas porque me pega comer eso en esta situación.

+ Dejo que otras personas me cocinen.

✦ Me permito improvisar y no tener todo calculado, dejo espacio a la cabeza para pensar en más cosas que no tengan que ver con comida.

Una alimentación flexible consiste en comprender que en cada momento nos estamos intentando adaptar a necesidades y contextos. Por eso tenemos que hacérnoslo fácil e intentar no ponernos reglas rígidas difíciles de cumplir sin acabar sufriendo.

AMAR NOS EMPUJA A FLEXIBILIZAR

Recuerdo a varias pacientes que comenzaron a flexibilizar su alimentación en el momento en el que se empezaron a enamorar. Qué bonito, ¿verdad? Resulta que comenzar a convivir con otra persona, adaptarse al otro, conocer a alguien, querer disfrutar de su compañía, tener citas, pasar tiempo juntos... nos puede inclinar a hacer ciertos cambios con la alimentación con tal de poder disfrutar de la otra persona y tener todos los sentidos puestos en el otro.

En concreto, pienso en una paciente que rompió sus normas restrictivas con la comida al ir a una cita de churros con chocolate en San Ginés, una de las chocolaterías más míticas de Madrid. Resulta que disfrutar de la compañía del otro en ocasiones tiene que ver con introducir comida en la ecuación.

Pienso también en los bombones como regalo romántico típico, o en una paciente que se despertó con la persona que le gustaba y eso la empujó a hacerse unas tostadas con un pan que no era el que solía comer, tomar unos cereales que no comía nunca, beber la leche entera en vez de desnatada. En definitiva, pienso en cómo nos adaptamos al nuevo mundo que trae la nueva compañía, y en cómo eso pasa también por adaptar la alimentación.

Pero no solo el amor romántico nos empuja a flexibilizar nuestra alimentación. Amar la vida y amar más allá del aspecto de nuestro cuerpo nos lleva a comer según esas otras cosas que valoramos: la compañía de los nuestros, su bienestar, compartir nuestro tiempo, nuestro placer, nuestras apetencias y nuestras aficiones.

Ainhoa, 18 años. «Echo de menos las albóndigas de mi yaya. Me daría pena que ella ya no estuviese y lo último en lo que yo haya pensado es en lo que llevan esas albóndigas. Yo quiero disfrutar de su comida y de ella».

Casilda, 20 años. «En mi pueblo hay una heladería increíble, es la favorita de mi abuelo, y cada vez que voy hay una cola enorme. Siempre que vuelvo al pueblo, mi abuelo me dice que quiere ir. A mí me entra angustia, pienso en el helado, en las calorías que tiene. A pesar de eso voy y siempre termina mereciendo la pena ese rato con mi abuelo, verlo feliz y disfrutar juntos del helado».

Jazmín, 22 años. «Mi amiga también está pasando por un mal momento con su cuerpo, como yo, las dos estamos en terapia. A mí se me complica el tema de la merienda, así que ella intenta ponérmelo fácil. Merendar conmigo a ella también le ayuda, así no se salta esa comida. El otro día yo fui a su casa a ayudarle con el cambio de armario y a donar las prendas que ya no le valían. De un momento tan odioso terminamos poniendo música, bailando, poniéndolo todo perdido. Está siendo bonito poder salir de esto juntas».

Pamela, 24 años. «Me da tanto miedo que mi hermana pequeña termine con los mismos problemas que yo, que en casa digo en voz alta todo lo que no me diría a mí. Finjo que como con normalidad y sin culpa, que no pasa nada por comer pan o repetir de lo que te gusta. Hago como que me da igual que no me quede bien un pantalón y trato de quitarle importancia. Digo en voz alta esos discursos que me dice mi psicóloga, todo para que vea que hay otras formas de hacer y de ver las cosas. Gracias a intentar ayudarle a ella, veo que me acaba funcionando a mí».

¿Disfrutaríamos del amor si no disfrutásemos de la comida? ¿Disfrutaríamos de la vida si no disfrutásemos de la comida?

La intimidad se articula a través de la comida.

+ Te animo a probar cosas nuevas.
+ Me río porque vuelves a elegir la bola de helado de chocolate.
+ Bromeamos acerca de quién tira más café en el vaso con hielo.
+ Paso a por el pan antes de ir a tu casa.
+ Viajamos juntos y descubrimos la gastronomía del lugar.

✦ Me has traído mis patatas de bolsa favoritas, atendiste cuando dije cuáles eran.

✦ Cortamos cuñas de queso y probamos varias.

✦ Nos asombramos ante nuevos sabores.

✦ La tortilla poco hecha y con cebolla, en eso estamos de acuerdo.

✦ Puntuamos las croquetas. Estas son un 7.

✦ Después de tantos meses, ya sé de qué color es tu café y la taza que elegirías.

✦ Te miro sorprendida porque me fijo en que bates el yogur antes de tomártelo.

✦ ¿A esto tenías alergia? Buscamos una alternativa.

✦ Compartimos cosas que llevan trufa.

✦ Me traes la merienda al trabajo.

✦ Me preparas un táper.

✦ Brindamos y charlamos con vino tinto, a veces blanco, como hacen mis padres.

Alimentarse también consiste en esto: amar, vivir, disfrutar.

La intimidad se articula a través de la comida porque está presente en los momentos en los que me muestro vulnerable, en los que me preocupo por ti, cuando disfruto, cuando cubro mis necesidades nutricionales, cuando en los planes hay comida de por medio, porque me estoy relacionando contigo a través de ella, estoy intimando a través de la comida. Servirle comida a alguien en el plato, que tu madre te meta una chocolatina en la mochila sin que te enteres, que te hagan una sopita cuando estás enferma, que te regalen unos bombones... Todo es cuidar, es intimar.

PAUTAS PARA ALIMENTARSE
DE FORMA FLEXIBLE

Encaja la novedad en tu plan previo

Si has planificado una alimentación siguiendo unos criterios nutricionales y otras apetencias, pero aparece un nuevo plato o alimento, tirar todo lo planificado por la borda también es un comportamiento inflexible. Por ejemplo, si te has preparado unas verduras salteadas que te gustan y aparece una pizza que también te gusta, un comportamiento flexible podría ser comer las verduras y además los trozos de pizza que te apetezcan. Si sobra, puedes comerlo mañana.

Y, si te has planificado las comidas de la semana y las has metido en tápers, un comportamiento rígido sería que, al haber dicho que sí a una comida fuera, tires todas las comidas de los tápers por sentir que lo has fastidiado. Un comportamiento flexible sería integrar esa comida fuera como un imprevisto para disfrutar y reajustar el resto de las comidas de la semana, aunque haya que congelar un par de táperes.

Flexibiliza también los horarios

Trata de no mantener rigidez tampoco con los horarios y los tiempos en los que comes. Muévete dentro de un margen que te permita cierto orden y con el que consigas mantener la energía durante el día, pero acepta los cambios. La vida son contratiempos y pueden darse cambios de planes que requieran cambios en las horas de comer. Nuestra rutina y nuestros ritmos no siempre pueden estar al servicio de nuestra alimentación.

La comida se debe adaptar al plan, no el plan a la comida

Alimentarse es algo importante que tener en cuenta durante el día, pero no siempre puede ser el criterio principal por el que tomamos decisiones cotidianas. Por ejemplo, no siempre podemos elegir ir a un sitio u otro en función de la comida que hay. Tiene sentido si el plan es ir a comer, pero, si el plan es ir al museo a disfrutar del arte, no tiene sentido elegir el que más se acomode al plan de la comida que deseamos. Del mismo modo, a veces podremos salir de casa a una hora o a otra en función de nuestro horario de comida, pero si hay un concierto al que tenemos muchas ganas de ir no podemos perdernos la mitad de este con tal de que encaje en nuestro plan alimentario, quizá debamos llevarnos un bocadillo o improvisar ahí.

Empieza por hacer cambios pequeños

Si vienes de una alimentación muy rígida y te cuesta adaptarte y flexibilizar, puedes hacerlo poco a poco. Empieza a exponerte a pequeños cambios que te generen un malestar tolerable, pero que supongan un reto. Para facilitarlo, puedes mantener ciertas formas de alimentación que te hagan sentir segura, mientras añades otras nuevas.

Ten presentes otros criterios según los que alimentarte y vivir

A la hora de decidir qué comer, cuándo, cuánto o cómo, ten presentes más criterios por los que comes, y también más criterios por los que vives. Hay ciertas preguntas que te pueden ayudar: ¿Esto me apetece? ¿Tengo hambre? ¿Me gustaba este alimento? ¿Cuánta cantidad querría tomar? ¿Qué es lo más cómodo dadas las circunstancias? ¿Qué es lo que más se ajusta a la situación? ¿Cuánto tiempo tengo? ¿Cuánto tiempo llevo sin comer esto? ¿Lo echo de menos? ¿Qué es lo que más pega comer en esta situación? ¿Qué es lo que me beneficia a medio y largo plazo? ¿Comerme esto es un reto para mí psicológicamente? ¿Comer esto me va a ayudar a superar un miedo?

Identifica tus reglas rígidas con la alimentación, sé crítica con ellas y cuestiona su utilidad

Aquí las preguntas nos pueden volver a ayudar: ¿por qué sigo esta norma con la comida? ¿Qué evidencia tengo de que esto sea así? ¿Esta información es fiable? ¿Esta regla me está ayudando a mejorar mi calidad de vida? ¿O me está entorpeciendo en cosas que son importantes para mí?

Si eres rígido con la flexibilidad, no estás siendo flexible

Estas pautas que te he dado no son rígidas, también habrá que adaptarlas a cada caso, a cada momento, a cada persona y circunstancia. La flexibilidad, igual que la espontaneidad, no se puede exigir *a priori* con pautas, sino que se hace en el momento en función de todas las variables presentes.

Vive más allá de la comida

Trata de que la comida sea un instrumento para vivir mejor y desvíate de una vida orientada a la comida. Recuerda: ¡disfruta! No solo de la comida, también de la vida.

EPÍLOGO

Llegamos al final de este viaje en barquita y te agradezco que hayas navegado conmigo hasta aquí. Gracias por dejarme enseñarte lo que he aprendido hasta ahora, para que puedas remar en la dirección que quieres y de la manera que desees y que tenga sentido para ti.

Como ya te dije al principio, este libro no iba de solucionarte los problemas. En todo caso, y siendo un pelín pretenciosa, mi aspiración era enseñarte los peligros de los tsunamis de las dietas, las nociones básicas del funcionamiento de una barca, lanzarte un salvavidas —¡o unos manguitos!— al agua, que podrán servirte alguna vez, siempre que los quieras coger. Espero que te haya servido.

Tu cuerpo es el que está en esa barca y es el que te permite remar. Disfrutar del paisaje o de tirarte al agua a nadar si te apetece. Tu cuerpo no debería estar al servicio de las miradas ajenas, tampoco de las presiones estéticas, del consumo compulsivo, de las reglas rígidas, de la monitorización y el chequeo constante o del juicio injusto. Tu cuerpo está a tu servicio, para ir a la playa, para nadar, para navegar.

Es un cuerpo con el que vivir. Un cuerpo en el que vivir. Un cuerpo para vivir.

AGRADECIMIENTOS

A mis padres, por regalarme la vida e inmigrar para ofrecerme una mejor.

A mis amigas Paulich, Eva, Nat, Ale, Pauli, María. Sin su amistad todo sería más amargo.

A Asier, por los pintxos juntos, los platos compartidos, la ternura, el amor.

A mis amigos psicólogos, por hacer de la psicología una excusa para divertirnos. A mis compañeras de profesión, por acompañarme cuando la psicoterapia no es divertida.

A Carlos, por haber confiado en mí desde los inicios.

A las personas que me han dado voz y apoyo en las redes sociales. Sin eso no sé si existiría este libro.

A todos los trabajadores que hayan formado parte de este libro. Sin ellos, desde luego, no existiría este libro.

A mis pacientes, por confiar en mí para acompañarles y guiarles en sus procesos, por enseñarme todo.

Gracias de corazón.

BIBLIOGRAFÍA
Y MATERIAL
RECOMENDADO

Muchas de las cosas que se reflejan en este libro vienen de aprendizajes que he sacado de otras fuentes. Aquí os dejo una recopilación que me ha hecho aprender y que me sigue inspirando con estos temas.

LIBROS

Bell, Lorraine y Rushforth, Jenny, *Superar una imagen corporal distorsionada. Un programa para personas con trastornos alimentarios*, trad. Miguel Ángel Coll Rodríguez, Madrid, Alianza Editorial, 2010.

Fairburn, Christopher G., *La superación de los atracones de comida: Cómo recuperar el control*, trad. Antonio Francisc Rodriguez Esteban, Barcelona, Paidós Ibérica, 2017.

Froján, María Xesús y González Lacson, Mónica, *Qué es la anorexia*, Madrid, Biblioteca Nueva, 2006.

Froxán, María Xesús y colaboradores, *Análisis funcional de la conducta humana*, Madrid, Pirámide, 2020.

Lozada, Victoria y Moratilla, Carlos, *Por qué comes como comes*, Barcelona, Plataforma, 2020.

Moreno Pestaña, José Luis, *La cara oscura del capital erótico: Capitalización del cuerpo y trastornos alimentarios*, Madrid, Akal, 2016.

Pulido, David, *¿Nos estamos volviendo locos?*, Barcelona, Ediciones Paidós, 2016.

Renee, Sonya, *El cuerpo no es una disculpa*, Santa Cruz de Tenerife, Melusina, 2019.

Tobar, Virgie, *Tienes derecho a permanecer gorda*, Santa Cruz de Tenerife, Melusina, 2018.

Toro, Joseph, *El cuerpo como delito: anorexia, bulimia, cultura y sociedad*, Barcelona, Ariel, 1996.

Wolf, Naomi, *El mito de la belleza*, trad. Matilde Pérez, Miranda de Arga, Continta Me Tienes, 2020.

ARTÍCULOS

Gimeno Gonzáles, M. E. (1986), «Factores de riesgo psicosociales en los Trastornos de Conducta Alimentaria: Una revisión y algunas consideraciones para la prevención y la Intervención», en *Revista de Psicoterapia*, 31 (115), pp. 33-47.

Holmes, S. (2017), «The role of sociocultural perspectives in eating disorder: A study of health professionals», en *Health: An Interdisciplinary Journal for the Social Study of Health, Illnes and Medicine*, 22 (6), pp. 541-557. <https://doi.org/10.33898/rdp.v31i115.354>.

Moreno-Domínguez, S., Rodríguez-Ruiz, S., Fernández-Santella, M. C., Jansen & Tuscheb-Caffier, B. (2012), «Pure versus guided mirror exposure to reduce body dissatisfaction: A preliminary study with university women», en *Body image*, 9 (2), pp. 285-288. <https://doi.org/10.1016/j.bodyim.2011.12.001>.

Nikodijevic, A., Buck, K., Fuller-Tyszkiewicz, M., De Paoli, T., & Krug, I. (1986), «Body checking and body avoidance in eating disorders: Systematic review and meta-analysis», en *European eating disorders review: the journal of the Eating Disorders Association*, 26 (3), pp. 159-185. <https://doi.org/10.1002/erv.2585>.

Nutbeam, Don. (1986) «Health promotion glossary», en *Health promotion international*, vol. 13, n.º 4, 1998, pp. 113-127.

Schaefer, L. M., & Thompson, J. K. (2018), «Self-objectification and disordered eating: A meta-analysis», en *The International journal of eating disorders*, 51 (6), pp. 483-502. <https://doi.org/10.1002/eat.22854>.

Stice, E., Marti, C. N., & Rohde, P. (2013), «Prevalence, incidence, impairment, and course of proposed DSM-5 eating disorder diagnosis in an 8-year prospective community study of young women», en *Journal of abnormal psychology*, 122 (2), p. 445.

PÓDCAST

«Cuerpos distorsionados», de Ciberlocutorio.

«Esto es nutrición x Adidas runners», de Esto es Nutrición.

«Hambre Emocional con Mara Jiménez», de Estirando el Chicle.

«La fealdad», de Deforme Semanal.

«La terapia familiar en los TCA», con Gema García Marco, de Psicoflix.

«La voz de Mara Jiménez», de La Voz De.

«Tratamiento psicológico de los TCA», con Carlos Moratilla, de Psicoflix.

«Tu cuerpo no es un problema a resolver», con Raquel Lobatón, de Más Allá del Rosa.

CANCIONES A LAS QUE ACUDIR CUANDO ESTÉS INSATISFECHA

«Aprenderé», de La Otra.

«Celébrate», de Miki Núñez.

«Guapos y guapas», de El Kanka.

«I am woman», de Emmy Mel.

«Lisístrata», de Gata Cattana.

«Mía», de Belén Aguilera.

«Perfect to me», de Anne-Marie.

«Pretty hurts», de Beyoncé.

«Scars to your beautiful», de Alessia Cara.

«Volver», de Los Chikos del Maíz.

Este libro se terminó de imprimir
en enero de 2024.